Felix Albe

Espero que este pequeño detalle te ayude a tu crecimiento personal y que cada día puedas ser mejor.

Te lo envío con muchísimo cariño y espero lo recibas de igual manera.

Leelo y luego me dices si te ayudo en algo.

Te Adora infinitamente..

Tu amiga.

Jennifer Ablan

13-02-01.

EN DIEZ SEGUNDOS

Gay Hendricks

En diez segundos

Tu vida puede cambiar

EDICIONES URANO

Argentina - Chile - Colombia - España
México - Venezuela

Título original: *The Ten-Second Miracle*
Editor original: HarperSanFrancisco, San Francisco
Traducción: Juanjo Estrella

Reservados todos los derechos. Queda rigurosamente prohibida, sin la autorización escrita de los titulares del *Copyright*, bajo las sanciones establecidas en las leyes, la reproducción parcial o total de esta obra por cualquier medio o procedimiento, incluidos la reprografía y el tratamiento informático, así como la distribución de ejemplares mediante alquiler o préstamo públicos.

© 1998 *by* Gay Hendricks
© 2000 *by* EDICIONES URANO, S.A.
  Aribau, 142, pral. - 08036 Barcelona
  www.edicionesurano.com

ISBN: 84-7953-360-9
Depósito legal: B. 15-416-2000

Composición y compaginación: Autoedició FD, S.L.
  Muntaner, 217 - 08036 Barcelona
Impreso por Romanyà Valls, S.A.
  Verdaguer, 1 - 08786 Capellades (Barcelona)

Impreso en España - *Printed in Spain*

A Kathlyn, que bendice todo lo que toca

Índice

Agradecimientos 13

Introducción: Cómo puede cambiarnos la vida
el milagro en diez segundos 15

PRIMERA PARTE
CREAR MILAGROS EN LAS RELACIONES PERSONALES

Conversación de corazón a corazón 59
  *Obtener lo que queremos de las relaciones
  personales: datos imprescindibles*

El primer milagro: qué hacer 75
  *El cambio interior que en diez segundos inicia
  la corriente de los milagros*
  • El primer milagro en acción 115

El segundo milagro: qué decir 121
  *La comunicación que en diez segundos inicia
  la corriente de conexión en las relaciones
  personales*
  • El segundo milagro en acción 148
  La resonancia, una nueva forma de escucharse mutuamente

El tercer milagro: dónde situarse 153
*El golpe de timón que en diez segundos genera
igualdad e integridad*

SEGUNDA PARTE
SOLUCIONES EN DIEZ SEGUNDOS A LOS SIETE MAYORES ERRORES DE LAS RELACIONES PERSONALES

Aprovechar las ocasiones en que es más fácil crear milagros 173

El primer error 181
*Te sientes mal contigo mismo
y se lo haces pagar a los demás*

El segundo error 187
*No sabes establecer una relación auténtica
en un primer encuentro, con lo que empiezas
las relaciones con mal pie*

El tercer error 193
*Sientes tensión y distancia en tu relación
y no sabes desbloquearla*

El cuarto error 199
*No sabes si seguir adelante o romper
con una relación, y te mantienes en esa
indecisión mientras las demás cosas de la vida
se van rompiendo en pedazos*

El quinto error 207
Te han hecho daño y has perdido la confianza

El sexto error 213
    Te empeñas en transmitir un sentimiento
    o una verdad difíciles

El séptimo error 221
    Te estancas en una relación carente de
    compromiso porque no sabes cómo pedirlo
    o asumirlo

TERCERA PARTE
SOLUCIONES A LOS PROBLEMAS DE LAS RELACIONES DE LARGA DURACIÓN

El cuarto milagro 229
    No dejar que el pasado interfiera en el presente
    • El cuarto milagro en acción 266
    Tres preguntas que nos cambiarán la vida

El quinto milagro 273
    Mantener viva la pasión en las relaciones basadas
    en el compromiso
    • El quinto milagro en acción 294
    Charlar con el corazón: una sesión estructurada de
    purificación para solucionar los problemas de relación

Epílogo: La ventana final 307

Agradecimientos

El apoyo de amigos, familiares y compañeros de toda procedencia ha hecho que mi viaje, a lo largo de los años, fuera mucho más enriquecedor de lo que ellos imaginan. Doy las gracias a: David Hubbard, Kenny y Julia Loggins, Carl Thoresen, John Krumboltz, Andrew Weil, Bonnie Raitt, Barry Weinhold, Leo Zeff, Dwight Webb, Mary Manin Morrissey, Gary Zukav, John Bradshaw y Jim Fadiman.

También les estoy muy agradecido a todas las personas maravillosas que me han dado permiso para publicar sus casos milagrosos que utilizo aquí. Aunque he cambiado vuestros nombres y otros detalles que facilitarían la identificación, seguro que vosotros os reconoceréis y quiero que sepáis lo mucho que os aprecio.

En cuanto a mis alumnos, a los que siempre os he visto como compañeros de búsqueda, todo lo que puedo deciros es que nunca dejarán de conmoverme las miles de horas que habéis invertido con gran entusiasmo en este proyecto.

Me siento afortunado por contar con un gran equipo de apoyo. En especial debo dar las gracias por la presencia cálida y atenta de la directora de nuestro instituto, Gail Padilla, mujer creativa y de inagotables recursos.

Agradezco también a Mark Chimsky y a Diane Gedymin, por ser tan amables conmigo y con otros escritores.

Y a mi milagrosa agente literaria, Sandy Diykstra: Gracias por un milagro que ya dura diez años.

Introducción

*Cómo puede cambiarnos la vida
el Milagro en Diez Segundos*

Buenas noticias: nunca estamos a más de diez segundos de encontrar la vía de solución en las áreas más importantes de nuestra vida. Digo esto basándome en el estudio detallado de más de tres mil sesiones de trabajo en las que he visto a personas de carne y hueso solucionar sus problemas reales. Si damos cinco pasos muy concretos, cuya duración en ningún caso excede los diez segundos, veremos que los milagros en nuestras relaciones se producen ante nuestros ojos.

Un poderoso momento de descubrimiento

La idea de que existían los Milagros en Diez Segundos se me ocurrió por primera vez cuando vi a una mujer cambiar el destino de su relación delante de mí. Sólo tardó diez segundos, y aquel momento mágico cambió mi vida tanto como la suya. Revivamos aquel momento:

> Jan se dejó caer en la silla, su rostro era una máscara de depresión, confusión y tristeza. Me dijo que acaba de romper con su novio, pero, más que el novio, lo que pasaba es que la situación se había vuelto a repetir. Era la cuarta vez ese año que se ilusionaba con una nueva relación y le sucedía lo mismo: o la

relación se quemaba al cabo de poco tiempo, o las cosas se enfriaban y no acababan de cuajar. A sus 31 años, estaba empezando a desesperarse: «¿Qué me pasa?», se preguntaba, «¿es que no voy a encontrar a nadie?».

Continuó explicándome los detalles. Esta ruptura le parecía especialmente dolorosa porque acababa de participar en un taller sobre la pareja ideal y una de las actividades que había realizado era confeccionar una lista de todas las cualidades que se buscaban en un compañero. La suya incluía más de treinta puntos. Poco después del taller, había conocido a un hombre que encarnaba muchos de sus ideales. Así que, cuando aquella relación «ideal» terminó bruscamente, ella se quedó desolada.

Después de escucharla, le planteé una pregunta. Esta pregunta tiene tanta fuerza que siempre debo tener cuidado cuando la hago, ya que si la gente no está preparada, se les difumina en la mente. Pero, en ese caso, me pareció que el momento era adecuado, así que le dije:

—Cuando piensas en todo esto —la ruptura, este modelo que se repite, la desesperación que sientes—, ¿qué es lo que te cuesta más asumir y aceptar?

Ella respiró profundamente. Su mirada se tornó más lejana.

—Lo que me resulta más difícil de aceptar es pensar que pueda quedarme sola para el resto de mi vida.

Asentí.

—Entonces enfrentémonos a eso ahora mismo. Siente esa soledad, ese miedo, esa posibilidad.

—¡Pero es que no quiero sentirme así, aunque sólo sea un segundo!

—Ya lo sé, pero siempre vivirás con miedo ante esa soledad hasta que te permitas sentirla conscientemente. Siéntela tanto como te haga falta hasta que llegues a reconocerla.

Se sentó con la espalda firmemente apoyada en la silla mientras mi afirmación fue calando en ella. Cerró los ojos y en su rostro se dibujó una expresión concentrada.

En ese preciso momento miré casualmente el reloj y me di cuenta de que ella había permanecido en ese estado de concentración exactamente diez segundos. De pronto, abrió los ojos.

—Ya entiendo qué quieres decir —me dijo con una emoción sincera—. Estoy sola porque siempre he tenido miedo de sentirme sola. He estado evitando esa sensación desde que era una niña. La creaba y la recreaba porque no me permitía a mí misma sentirla. ¡Eso es!

Y, aparentemente, era eso, porque la semana siguiente sucedió algo extraordinario. Me llamó y me dijo que había conocido a un hombre que parecía haber salido «de la nada», y que no podría asistir a la sesión conmigo porque él la había invitado a la casa de veraneo de su familia para pasar unos días navegando. Nunca he vuelto a verla en persona, pero he tenido noticias de ella en varias ocasiones desde entonces. A continuación voy a enumerar lo que me envió por este orden: una postal de su viaje en barca; una participación de boda aquel mismo año, el anuncio del nacimiento de un hijo, dos años después, y una postal de sus vacaciones, cada año.

A eso yo lo llamo un milagro.

Desde aquello, he pensado muchas veces en lo que sucedió. Mirar casualmente el segundero del reloj me dio una idea que me lanzó a una búsqueda ininterrumpida desde entonces. Por primera vez empecé a preguntarme: ¿existe algún gran cambio en nuestras vidas que tarde más de diez segundos en producirse? Aquella observación fue el inicio de los más de veinte años de indagación sobre los que se apoya este libro, y del descubrimiento de los cinco milagros clave capaces de transformar las relaciones. Ya habrá ocasión más tarde de volver a hablar de la investigación, pero antes quiero compartir con vosotros otro poderoso momento, que me ocurrió no hace mucho. Volvamos a mi consulta, en Santa Bárbara:

Sally y Jim se observaban desde sus respectivas sillas, en mi despacho. Llevaban catorce años casados, tenían tres hijos y eran unos profesionales de éxito. Iban muy bien vestidos y se comportaban con una gran seguridad. En apariencia, podía parecer que todo iba a la perfección, pero el lenguaje corporal decía otra cosa; explicaba una historia de traición y engaño. Llevaban semanas en un callejón sin salida, y finalmente habían decidido buscar ayuda.

Los puños de él se apretaban con frecuencia; ella cruzaba los brazos con fuerza. Respiraban superficialmente, de ese modo que yo llamo «respiración de supervivencia». La primera media hora que pasé con ellos fue tensa, había electricidad en el ambiente, se percibía la culpa, la negación, la resistencia. Ahora habían llegado a una pausa temporal, y yo estaba a punto de calibrar el momento con un simple movimiento.

Me adelanté un poco para atraer su atención.

—¿Estáis los dos dispuestos a solucionar este problema? ¿Aquí mismo? ¿Ahora mismo?

Yo todavía no sabía exactamente cuál era el problema, pero de lo que estaba seguro es de que nada iba a cambiar hasta que ellos dejaran de echarse la culpa mutuamente y se comprometieran a hacer cicatrizar esa herida abierta en su matrimonio. Sé que siempre se debe empezar por el compromiso, independientemente de la duración de la batalla.

Parpadearon y me miraron fijamente. Entonces él dijo:

—¿Es que habríamos venido si no estuviéramos dispuestos a solucionar el problema?

Yo le expliqué que, desgraciadamente, mucha gente recurre a los consejeros simplemente para ganar tiempo. Ya saben que quieren separarse, o bien buscan la confirmación de que su cónyuge es un inútil. Así que le dije:

–El mero hecho de estar aquí no basta, tenéis que haber venido para comprometeros a solucionar el problema.

Tardaron unos momentos en digerirlo. Finalmente, ella contestó que sí. Él asintió con la cabeza y también dijo que sí. El lenguaje de sus cuerpos indicaba desesperación y duda, pero por lo menos de sus labios había salido la afirmación. Y eso ya bastaba para que nos pusiéramos en marcha.

Había llegado el momento de la verdad.

YO: *Sólo hay dos cosas que puede hacer que la gente se quede tan bloqueada como estáis vosotros ahora. Una: hay algo que no queréis sentir. Dos: hay algo que tenéis miedo a decir.* Muchas personas están dispuestas a sacrificar su salud y su felicidad con tal de evitar sentir algo que no quieren sentir. Otras son capaces de sacrificarse a sí mismas y a sus relaciones con tal de no revelar alguna verdad que han estado ocultando.

Esperé hasta que los dos me devolvieron la mirada, y entonces les pregunté:

–¿Qué tenéis miedo de sentir? ¿Qué tenéis miedo de decir?

Su reacción, al escuchar estas preguntas, me reveló todo lo que necesitaba saber. Él se movió, inquieto, y se pasó la lengua por los labios. Ella arqueó las cejas con desconfianza y miró en otra dirección. Como llevo más de treinta años interpretando el lenguaje corporal, me di cuenta enseguida de que él se sentía culpable por algo, y que ella fingía no saber lo que su intuición ya le había revelado hacía tiempo.

YO: Jim, en mi opinión, pareces sentirte culpable por algo. Sally, cuando he planteado estas preguntas, has mirado en otra dirección.

JIM: Un momento. ¿Por qué te has fijado en mí?

SALLY: Yo creía que se había fijado en *mí*.

YO: Jim, Sally, veo que os estáis poniendo a la defensiva en lugar de hablar de lo que os hace sentir culpables o de lo que intentáis evitar.

Jim resopló, y Sally se volvió para mirarlo. Abrió mucho los ojos, como expresando sorpresa o miedo.

YO: ¿Qué es lo que no queréis sentir? ¿Qué es lo que evitáis decir?

De repente, los dos respiraron profundamente y la energía del despacho cambió. Sentí que uno de los dos estaba a punto de desmontar la fachada y asumir la realidad. Jim bajó la cabeza hasta que la barbilla le tocó el pecho, y cerró los ojos. Sally le miró, intentando entender.

JIM: Ya no lo soporto más, siempre ocultándolo. Tengo que decírtelo... Me he acostado con otra mujer y ya he ido a ver a un abogado.

SALLY (soltando una carcajada de rabia): Lo sabía, lo sabía, lo sabía.

Sally se puso a llorar; Jim se mordió el labio inferior y miró al suelo.

YO: Jim, has estado ocultando todo esto, y tú, Sally, has estado negándote a admitir lo que tu intuición te decía. ¿Cuándo pasó, Jim?

JIM: Hace tres meses.

Sally se volvió y pataleó con furia.

Detengamos un momento la historia aquí y pensemos: dadas las circunstancias, ¿hay alguna probabilidad de que vaya a producirse un milagro? Si alguien dice que no, lo entenderé perfectamente; al principio, a mí tampoco me lo pareció. Pero veamos qué sucedió a continuación. Después de esta confesión, se pasaron unos diez minutos llorando y descargando su rabia, hasta que la intensidad del dramatismo disminuyó. Tal vez haya a quien le cueste creerlo, pero he observado que cuando la gente se permite la posibilidad de sentir sus emociones profundamente, éstas se diluyen pronto, por más intensas que sean, como tormentas de verano. Cuando se afrontan de verdad, estas tormentas del sentimiento no suelen durar más de diez minutos. Ahora bien, si no nos permitimos a nosotros mismos la posibilidad de sentir, los nubarrones de esas mismas emociones pueden permanecer años sobre nuestras cabezas.

Después de su arrebato, les sugerí que salieran cada uno por separado a dar una vuelta a la manzana. Quería que tuvieran un poco de espacio para estar solos y respirar, y una breve caminata de diez minutos se lo proporcionaría. Yo empleo esta técnica muchas veces, ya que modifica el estado de conciencia de la gente. Les pedí que, durante el paseo, se concentraran en la pregunta que les había hecho antes: ¿estáis dispuestos a solucionar el problema?

Cuando regresaron, todo había cambiado. Los dos se quedaron de pie, parecían más fuertes.

SALLY: Si quieres que nos separemos, adelante, podemos pedir el divorcio. Estoy enfadada contigo por haberme mentido, pero no quiero pasar ni cinco minutos más casada en estas condiciones.

JIM: Bueno, si es lo que quieres, de acuerdo, pero me he dado cuenta de que lo que hice fue una estupidez. Y de pronto sé por qué lo hice. Yo no busco otra relación. Lo que me pasó es que me sentía tan frustrado que puse el piloto automático. No me gusta nada el rumbo que han tomado nuestras vidas.

Cuando Sally oyó esta afirmación, la expresión de rabia desapareció de pronto de su rostro y se tornó en interés.

SALLY: ¿Qué quieres decir?

JIM: Matarnos a trabajar para tenerlo todo; obsesionarse con la ortodoncia de los niños y el fútbol y todo eso. No recuerdo la última vez que tomamos una copa juntos o que hablamos de nuestra intimidad. Tenemos relaciones sexuales una vez por semana, pero hace un año que no hemos hecho el amor.

SALLY: Sí, estoy de acuerdo.

Este fue el principio de un profundo cambio en su matrimonio. Saltemos ahora hasta otro punto fundamental, que tampoco duró más de diez segundos, en otra de las cuatro sesiones que trabajamos juntos.

YO: ¿Alguno de los dos tiene idea de por qué habéis creado este problema en este preciso momento de vuestras vidas?

JIM: ¿Puedes explicarte un poco mejor?

YO: Bueno, normalmente la gente se crea grandes problemas en su relación porque tienen miedo de enfrentarse a alguna cuestión que está en lo más profundo de su ser.

SALLY: Ya entiendo. Es como preguntarse: ¿por qué he hecho que el hombre de mi vida se interese por otra mujer?

JIM: O como decirse: ¿por qué he tenido que montarle este gran drama a Sally? ¿Quería evitar mirar dentro de mí?

YO: Exacto.

JIM: La otra noche soñé que me moría. Me ahogaba en un charco que no tendría más de un palmo de agua.

YO: ¿Y qué ves tú en ese sueño?

JIM: Todas las cosas que nos hacen estar ocupados: tres coches, los aparatos de los dientes de los niños, las vacunas de los perros. Es decir, ya sé que son cosas importantes, pero... tengo la sensación de que invaden toda mi vida.

SALLY (Resoplando): Y no te olvides del fontanero. (Se acababan de gastar miles de dólares en reparar las cañerías de su casa de campo.)

JIM: Sí.

YO: Dedicad un momento a experimentar los sentimientos que tengáis respecto a esa invasión de vuestras vidas.

Los dos respiraron profundamente.

JIM: Enfado. Enfado y tristeza.

SALLY: Sí, yo también.

YO: Sé que es doloroso, pero hay algo aquí que me hace albergar alguna esperanza. Los dos estáis en la misma longitud de onda, tenéis los mismos sentimientos. Os habéis convertido en aliados.

SALLY: En lugar de enemigos.

Jim asintió, maravillado.

El camino es muy largo y todavía quedaba mucho por hacer, pero en ese momento supe que llegarían hasta el final. Cuando las personas se unen para conseguir un objetivo común —ya sea reconstruir un matrimonio o ir a la Luna— no hay nada que pueda detenerlas.

Debemos saber que los milagros son posibles

Es necesario que sepamos que los milagros en las relaciones, como el que acabo de exponer, no sólo son posibles, sino que es casi seguro que se producen. Es importante saber que podemos pasar por encima de los abismos que existen entre nuestro corazón y el corazón de los demás. Y que se puede salir de los atolladeros del amor.

A veces el milagro se produce en la relación que tenemos con nosotros mismos. Veamos esta otra conversación:

Delante de mí había una mujer de pie, con una expresión de tristeza en el rostro.

—No debería estar aquí —me dice—. Debería haberme quedado en la cama, tengo una migraña espantosa.

-¿Cuándo te empezó a doler la cabeza? -le pregunto.
Se lo piensa unos instantes y contesta:
-Ayer por la noche, después de cenar.
Un médico quizá le hubiera preguntado qué había comido, pero mis preocupaciones iban en otra dirección.
-¿Cuál es la verdad de Diez Segundos que no acertaste a decir ayer, antes de que empezara a dolerte la cabeza?
La pregunta la pilló por sorpresa, y se le escapó una carcajada.
-Vi que mi marido se iba al salón para ver la tele, sin darme las gracias por haber preparado la cena, y me dejaba allí, con todos los platos por recoger. Pero sabía que no tenía el coraje de pedirle que me ayudara.
-¿Qué temías que pasara si se lo pedías?
-Tenía miedo de que me dijera que aquello era el colmo y que se fuera.
-¿Y qué le habrías dicho si hubieras tenido valor? ¿Cuál habría sido tu frase de los Diez Segundos?
-Supongo que: Eh, si friegas los platos una vez en tu vida no te va a pasar nada. O: ¿Quieres que freguemos los platos juntos, como hacíamos antes?
Los ojos empezaron a llenársele de lágrimas, y me di cuenta de que la expresión de su rostro perdía la dureza, mientras los hombros se le relajaban.
-¿Qué tal la migraña?
-Ha desaparecido.

En mi libro, yo a esto lo llamo milagro.

Necesitamos milagros en nuestras relaciones íntimas

No hay duda de que necesitamos milagros: en todos los rincones del mundo, los conflictos de relación constituyen la principal pérdida de energía creativa. Si somos capaces de encontrar la manera de salir de los atolladeros del amor, nos quedará mucha energía para solucionar los demás problemas a los que se enfrenta nuestro planeta. Mi experiencia en estos veinticinco años me ha llevado a creer intensamente en el potencial creativo del ser humano. El Milagro en Diez Segundos está pensado para canalizar la energía del conflicto hacia la creatividad y el amor. Cuando se es capaz de desplazarse con rapidez desde la tierra baldía y helada de la distancia emocional hasta la calidez de un abrazo afectuoso, ahí se está produciendo un milagro. Aunque a estas alturas ya he presenciado muchas veces este tipo de milagros, nunca dejan de emocionarme.

El Milagro en Diez Segundos está diseñado para hacer que el peor de los sentimientos se convierta en el mejor. Permitidme que os explique lo que quiero decir.

El peor de los sentimientos, el mejor de los sentimientos

Todos lo hemos experimentado alguna vez. Hay quien dice que es el peor sentimiento del mundo. Yo, en concreto, lo siento de manera especialmente dolorosa en dos ocasiones:

> Estar solo y no querer estarlo. Sentir la necesidad de estar con alguien, y que no haya nadie cerca. Sentir la necesidad de hacer algo, y no haber nada que realmente queramos hacer. Sentir un vacío en el estómago que no se llena por más que se coma. Sentir una opresión en el pecho, una tensión que no nos abandona por más que vayamos al gimnasio.

Esta sensación es horrible, pero creo que hay otra que puede ser incluso peor: la de estar físicamente acompañados, pero solos en nuestro corazón.

Estar en una habitación con alguien que significa algo para nosotros. Puede ser una primera cita o llevar treinta años juntos. Puede incluso tratarse de un compañero. Sentimos una tensión entre la otra persona y nosotros. No experimentamos la fluidez de las buenas sensaciones que nos conectaba tal vez sólo hace unos momentos. Ahora experimentamos una cierta distancia, un recelo del otro, como si un aliento colectivo se hubiera instalado entre nosotros y la otra persona. Desearíamos que esa sensación de comodidad volviera, pero ya no está.

¿Adónde ha ido a parar? ¿Cómo recuperarla?

A este sentimiento yo lo llamo *la garra del anhelo*. Anhelamos la conexión, pero no la sentimos. Normalmente, a la otra persona le pasa lo mismo, y le produce el mismo dolor. Pero como normalmente ocultamos ese anhelo tras una capa de enfado, confusión, silencio o alegría, ninguno de los dos apreciamos que estamos atrapados en el fondo por el mismo sentimiento.

A medida que el silencio se va haciendo más espeso, nos damos cuenta de que una sensación ya conocida invade nuestro pecho. En lugar del calor y la fluidez que nos hace saber que todo va bien, lo que sentimos ahora es una opresión, un peso en el pecho. El tiempo avanza, el peso se hace más fuerte y la garra se extiende por todo el cuerpo. En nosotros se asienta la desesperación. No tarda mucho en agriar nuestros pensamientos y nuestro estado de ánimo. Pensamos: no importa lo que se haya conseguido en la vida, nada tiene sentido mientras sigamos invadidos por este sentimiento. Es la peor sensación del mundo.

Entonces, sucede el milagro:

Miramos en nuestro interior en busca de nuestros sentimientos y nos damos cuenta de que sentimos una presión en el estómago y en el pecho. Respiramos profundamente y dejamos salir la pura verdad de nuestros sentimientos. Lo que decimos dura menos de diez segundos, pero cambia por completo el tono del momento:

«Estoy asustado. Estoy triste. Quiero conectar contigo». Y en el mismo momento de pronunciar esa verdad desnuda, la garra que oprime nuestro cuerpo se abre y se inicia un flujo de sensaciones positivas. La otra persona nos devuelve una mirada de sorpresa e interés. En diez segundos percibimos una nueva sensación de espacio que nos recorre el cuerpo. Nos sentimos cómodos al volver a la relación. La otra persona sonríe y se relaja. Hemos vuelto a conectar, y la vida funciona de nuevo.

El momento en que esto sucede, en que sentimos el flujo natural de las buenas sensaciones que regresa a nuestro cuerpo o a nuestra relación, es maravilloso, porque liberarse *de la garra del anhelo y sumergirse en la corriente del amor, es la mejor sensación del mundo.* Yo lo he experimentado en muchas ocasiones dichosas, y mi corazón se ha henchido cuando lo he presenciado en cientos de sesiones de terapia. Y como he sentido la fuerza de este momento, y conozco una manera fiable de provocarlo, me siento profundamente optimista con respecto al futuro.

Quiero que todo el mundo aprenda a producir este milagro, porque cuando nos demos cuenta de que la posibilidad de recrear el amor de manera segura en nuestras vida está en nuestras manos, tendremos las claves de nuestra propia felicidad y del futuro de la evolución humana.

El descubrimiento esencial

Los Milagros en Diez Segundos no son corazonadas ni actitudes; son cambios del cuerpo y la mente, tan sencillos como levantar la vista para mirar el horizonte. Además, las técnicas que se utilizan para obtenerlos no suponen ningún esfuerzo, sino al contrario, son tan naturales que lo que cuesta realmente es resistirse a ponerlas en práctica.

Llevo más de veinticinco años trabajando con miles de personas, cosa que me proporciona una confianza profunda e inquebrantable en el poder de las técnicas que quiero compartir con vosotros. Además, esta experiencia, me ha permitido llegar a la convicción de que todos somos capaces de abrir caminos nuevos en nuestras relaciones para satisfacer así nuestras necesidades en el área más importante de la vida. Cuando hablo de nuevos caminos, me refiero a cosas de este tipo:

> Vamos caminando por la calle y nos sentimos un poco mal. Sabemos que no estamos enfermos, pero hay algo que no funciona y no acertamos a ver qué es. Nos encantaría encontrar la manera de volver a tener sensaciones positivas en nuestro organismo.

Lo que necesitamos es el Milagro en Diez Segundos. Está pensado precisamente para estos momentos, y ha demostrado su eficacia en este tipo de situaciones; aporta, sistemáticamente, un flujo de sensaciones positivas.

Centramos nuestra atención en la zona del cuerpo que notamos más agarrotada. Posamos nuestra conciencia en ella y simplemente prestamos atención a nosotros mismos, como si nos estuviéramos escuchando sin juzgarnos. Respiramos varias veces profundamente y nos percatamos de las sensaciones de nuestro cuerpo. De pronto, una corriente de sensaciones positivas nos recorre, como el despertar de una brisa fresca en un día tranquilo. La sensación de malestar desaparece, sustituida por una tranquila sensación de bienestar.

He aquí el Milagro en Diez Segundos en directo. Funciona siempre, y siempre está ahí cuando se lo necesita.

Solucionar dos problemas

El Milagro en Diez Segundos soluciona dos problemas a los que nos enfrentamos casi todos los días:

1. Cómo sentir una corriente de sensaciones positivas, y cómo abrir las compuertas cuando ésta está estancada.
2. Y cómo sentir la corriente del amor y los buenos sentimientos entre nosotros y otras personas por las que sentimos algo, y liberarla cuando está bloqueada.

Estos dos problemas se agravan cuanto más cerca estamos de nosotros mismos y del otro. En otras palabras, cuanto mejor nos conocemos, peor toleramos los bloqueos de la corriente de las sensaciones positivas. Lo mismo puede decirse de las relaciones: cuanto más próximos estamos a los demás, peor toleramos la distancia y el estancamiento que tiene lugar de vez en cuando incluso en las mejores relaciones.

El beneficio

El gran beneficio del Milagro en Diez Segundos es que supone una manera fiable de abrir la corriente del sentimiento del amor. Sé por experiencia, a partir de los resultados de mis estudios en más de tres mil sesiones de asesoría, que es posible sentir la corriente del sentimiento del amor (en el interior de nuestro cuerpo y en nuestra relación con los demás) casi en todo momento. No digo siempre, porque aún no lo he conseguido y no conozco a nadie que haya llegado a ese punto. Sin embargo, una vez que descubrí el Milagro en Diez Segundos, empecé a disfrutar cada vez más de la corriente de las sensaciones positivas internas y del flujo de la corriente de amor hacia los demás. En ocasiones, pasan años sin que en mi matrimonio se pronuncie una palabra desagradable. Como procedo de una familia en la que nunca vi un matrimonio feliz, haber sido capaz de crear uno me parece un auténtico milagro. Pero tal vez lo más importante sea que ahora sabemos cómo desbloquear el sentimiento del amor. Ahora disponemos de técnicas fiables para volver a despertar el amor.

Por qué es importante el Milagro en Diez Segundos

El Milagro en Diez Segundos es importante para todo el mundo, ya sea en casa o en el trabajo, estemos solos o rodeados de seres queridos. Si no conocemos los movimientos conscientes que debemos hacer durante el proceso de apertura de ventanas que puede cambiar nuestro destino, y que no dura más de diez segundos, el programador de nuestro inconsciente recurre a los viejos modelos. Entonces, éstos se reciclan y siguen operando como sistemas de actuación en las relaciones. Un modelo que se ha establecido en el transcurso de un primer encuentro entre dos personas puede servir para generar angustia algunos decenios después.

Una observación milagrosa

Desde que me inicié en el campo de las disciplinas relacionadas con la salud, en 1968, he tenido el placer y el privilegio de trabajar directamente con más de veinte mil personas en sesiones individuales, de grupos y de relación. Además, he participado en la formación de aproximadamente doce mil terapeutas durante los veintiún años en los que he ejercido como profesor del Departamento de terapia psicológica de la Universidad de Colorado. El área de mis intereses se centra en ayudar a la gente a generar cambios rápidos en la calidad de sus relaciones. A partir de estas experiencias, he podido tener acceso a anotaciones escritas y cintas de vídeo de varios miles de sesiones, en las que se muestran todas las vías de resolución de conflictos y las soluciones de relación de las que tengo constancia.

Más arriba ya he mencionado que en una ocasión me di cuenta de un cambio radical que había presenciado y que se debía a un paso de no más de diez segundos de duración que había dado una paciente mía. A medida que fui observando con la mirada libre de prejuicios, hice el descubrimiento que ahora quiero compartir con mis lectores: que surgía un momento –lo que podríamos llamar una *ventana abierta de oportunidad*– en que cuando sucedían determinadas cosas en esa ventana, se producía un cambio instantáneo tendente a la armonía y la solución. Continué observando en este sentido mi vida privada, las sesiones que llevaba a cabo con mis alumnos de posgrado y el mundo empresarial, en el que a menudo presto mis servicios de asesoría a ejecutivos, y vi que en el ámbito laboral se producía el mismo fenómeno. Entonces me compré un cronómetro y en los años que siguieron me propuse estudiar las cintas de vídeo. Aparqué mis teorías previas y me lancé a esta nueva empresa con la mentalidad de un principiante. No tardé en descubrir que el fenómeno de los Diez Segundos traspasaba fronteras de género (masculino o femenino), orientación sexual, raza y cultura. En los vídeos había ejemplos de relaciones muy diversas. En la mayoría de los casos se trataba de matrimonios heterosexuales, pero también estaban representadas al menos doscientas relaciones homosexuales, además de algunos centenares de relaciones minoritarias, multirraciales y multiculturales. Mediante este procedimiento, confirmé el extraordinario descubrimiento que modificó radicalmente mi perspectiva: los momentos en los que las relaciones cambian para mejorar tienen lugar en *ventanas* de diez segundos, cuando se dan unos determinados pasos. Estos pasos se basan en leyes concretas de relación que se me revelaron obvias a medida que las cintas de vídeo me iban abriendo sus secretos.

En el transcurso de diez segundos, al dar el paso, se producían invariablemente cambios positivos. Cuando hablo de «cambios», me refiero a cosas concretas, como por ejemplo:

- Mejora el humor.

- Desaparece la tensión.

- Los puntos muertos dan paso a una tendencia a la resolución de los problemas.

- La gente respira más profundamente.

- Las expresiones faciales se suavizan y la tensión de los hombros se relaja.

- La gente empieza a mirarse directamente a los ojos de manera amistosa. Muchas veces alargan la mano y se tocan antes de que pasen diez segundos.

Enseñar los pasos

A medida que me sumergí en el estudio de las cintas de vídeo, fue surgiendo un detalle que no dejaba de llamarme la atención: los cambios en la vida nunca se producen a partir de la introspección. Por ejemplo: la vida de las personas no cambia si se dan cuenta de que sus padres no los querían como era debido. Los cambios se producen más bien a partir de unos pasos muy simples, de algo concreto que hacen. Y por eso son cosas que se pueden enseñar con precisión. Cosas claras y diáfanas para las que no se precisa ningún vocabulario específico.

Sólo cinco pasos muy sencillos, que bastan para hacer cambiar la vida de la gente, y que vamos a trabajar en profundidad en este libro. Pero, para empezar, permíteme revelar los cinco poderosos secretos sobre los que se asienta el Milagro en Diez Segundos.

Si haces lo siguiente, verás cómo se producen cambios drásticos, en sentido positivo, en tus relaciones:

- Haz una pausa de diez segundos para sentir –sentir *profundamente*– qué es lo que sucede en tu interior. Es posible que arrastres una sensación de tristeza durante largos años, pero nada cambiará hasta que dediques diez segundos a entrar en contacto con ella.

- Expresa un tipo concreto de verdad simple. Las verdades que curan las relaciones son normalmente afirmaciones basadas en hechos, como por ejemplo: «Vi a María la semana pasada», o afirmaciones basadas en sentimientos, como «me da miedo estar solo». Y es más, las verdades capaces de cambiar la vida de la gente pueden pronunciarse en menos de diez segundos, de un tirón.
    Estas afirmaciones basadas en sentimientos, capaces de cambiar la vida de la gente, normalmente apuntan a sensaciones centradas en tres zonas del cuerpo: el pecho, el estómago, y el área del cuello y los hombros. A veces la verdad consiste simplemente en «darse cuenta», en decir «me he dado cuenta de que cuando has dicho que te ibas a la oficina te has frotado la nuca».

- Hazte responsable de cosas de las que hasta ese momento te habías considerado víctima. El punto de inflexión tiene lugar a partir del momento en que decimos «asumo plenamente la responsabilidad de los aspectos negativos de mi matrimonio», a la vez que damos la posibilidad de que nuestra pareja haga lo mismo. El tipo de responsabilidad que sirve para curar la vida de la gente no implica nunca, en ningún caso, la idea de culpa.

- Asume y acepta las cosas que hasta ese momento se han evitado o negado. Dedica diez segundos a enfrentarte a alguna realidad que has estado esquivando, como la desesperación, la ira o el miedo, o algún acontecimiento de tu vida que no has querido admitir. A partir del momento en que abrimos nuestros brazos a lo real, nuestro corazón empieza a sanar.

- Cambia la preocupación por sorpresa. La vida cambia cuando empezamos a maravillarnos por las cosas que ya creemos conocer. Es posible que estemos absolutamente convencidos de que nos hemos equivocado por completo en una relación, pero nuestra vida no cambiará hasta que no empecemos a sorprendernos. ¿Cuál ha sido el papel que hemos representado nosotros en esta obra? ¿Por qué y de qué manera hemos dejado que esto sucediera en nuestra vida?

Si haces estas cosas, verás que los milagros se despliegan ante tus propios ojos. Y no exagero.

Técnicas que pueden enseñarse

Descubrí que mis clientes podían aprender fácilmente estos pasos y que cuando los llevaban a la práctica, los cambios (más sorprendentes) se producían con tanta rapidez que apenas podía creerlo. Empecé a llamarlos *Milagros en Diez Segundos*, debido al efecto que provocaban sobre las relaciones de la gente, que veían, al emplear estos *pasos milagrosos*, que sus relaciones avanzaban a saltos cuánticos hacia la salud y la felicidad. Por otro lado, el malestar en ellas aparecía en menos de diez segundos siempre que violaban las reglas o las aplicaban incorrectamente. En los últimos diez años he modificado mi práctica y mis terapias profesionales para enseñar estos *pasos milagrosos*. En la actualidad, mis compañeros y yo hemos acumulado la suficiente cantidad de información como para compartirla con nuestros lectores.

El momento de conciencia

Probablemente todos recordamos *momentos de inconsciencia* en los que alguien dijo o hizo algo que destruyó la corriente de intimidad que existía entre nosotros y una persona fundamental en nuestra vida. Contrariamente, conocer las ventanas de diez segundos y *los pasos milagrosos* nos permite disponer de momentos de conciencia. Se trata de puntos de inflexión en los que hacemos o decimos algo que abre nuevos horizontes en nuestras relaciones. Accedemos a zonas plagadas de nuevas posibilidades de las que no nos habíamos percatado con anterioridad. Y lo bueno es que nunca estamos a más de diez segundos de acceder a un momento de conciencia.

Simplificar el área más compleja de la existencia

Aprender lo que hay que hacer durante los diez segundos en los que la ventana de las posibilidades está abierta proporciona simplicidad y orden a nuestra vida. En la actualidad, mucha gente intenta simplificar su vida, y los libros que explican cómo hacerlo están proliferando. Sin embargo, nadie se ha ocupado de explicar la manera de simplificar el factor más complejo de nuestra vida: las relaciones. Los conflictos en este terreno minan nuestra energía y llenan nuestra mente de excesivo ruido. En este libro, no pretendo sólo exponer las reglas principales para crear milagros en nuestras relaciones, sino enseñar exactamente cómo detectar los diez segundos en los que las ventanas de la posibilidad permanecen abiertas, en los momentos en que sea más fácil acceder a ellas. Llevaremos continuamente con nosotros una caja llena de milagros.

Ejemplos de milagros

Mi definición favorita tomada del diccionario es la que dice que un «milagro» es algo que evoca maravilla y sorpresa. He presenciado y registrado cientos de momentos de inflexión en relaciones que no dudaría en definir de milagros. Veamos si estamos de acuerdo en calificarlos así:

- Un hombre se comprometió a casarse inmediatamente después de uno de los pasos milagrosos, a pesar de que había estado evitando sistemáticamente el tema durante tres años. En otras palabras, su novia estableció con él una comunicación que duró menos de diez segundos, y él, inmediatamente, modificó su postura de «no-compromiso».

- Una mujer empezó a tener una relación sexual completamente satisfactoria con su marido después de dar uno de los pasos milagrosos. Al hacerlo, rompió con una carga de siete años sin orgasmos. En apariencia, la comunicación que se estableció entre ellos no tenía nada que ver con el sexo, pero afectó de inmediato a la calidad de sus relaciones íntimas.

- Dos ex socios cancelaron una costosa querella el mismo día en que pusieron en práctica uno de los pasos milagrosos, poniendo así punto final a seis meses de luchas entre ellos.

- Un conflicto familiar que afectaba a tres generaciones se esfumó segundos después de que una persona descruzara los brazos, se liberara de su carga de indignación y realizara una comunicación de diez segundos, diciendo «me siento tan triste». En cuestión de segundos presencié un hecho maravilloso: dos personas que no se habían dirigido la palabra durante mucho tiempo, se abrazaron y se pusieron a llorar.

La Mega-regla

Cuando las personas aprenden a dar unos pasos concretos durante los diez segundos en que las ventanas permanecen abiertas, sus relaciones mejoran notablemente. Por lo tanto, aquí va lo que yo llamo la «Mega-regla»:

LAS RELACIONES FLORECEN O SE MARCHITAN EN VENTANAS COMUNICATIVAS DE DIEZ SEGUNDOS, Y TODA COMUNICACIÓN IMPORTANTE EN EL CAMPO DE LAS RELACIONES DURA MENOS DE DIEZ SEGUNDOS; NUESTRO PODER Y BIENESTAR NACEN DE *INICIAR* ESA COMUNICACIÓN DE DIEZ SEGUNDOS EN LUGAR DE ESPERAR A QUE SE PRODUZCA.

Un problema universal y una solución universal

Las relaciones se destruyen si se ignoran los momentos específicos de los que deberíamos percatarnos y que deberíamos asumir en diez segundos. Cuando afrontamos esos momentos de la manera correcta, conseguimos que nuestras relaciones nos aporten aquello que necesitamos. Es imprescindible saber cuáles son esos pasos y cómo enfrentarse a cada uno de ellos.

Un caso personal

Estoy convencido de que un Milagro en Diez Segundos me salvó la vida. Me encaminaba rápidamente al desastre cuando sentí por primera vez la fuerza del trabajo que quiero compartir con vosotros en este libro. En 1969, yo pesaba más de 135 kilogramos (55 más de lo que peso hoy); fumaba dos paquetes de cigarrillos diarios y tenía una tos crónica. Mi empleo era espantoso y mi relación de pareja deplorable. Tenía 24 años.

Entonces...

Por la gracia de Dios, o por buena suerte, tuve una segunda oportunidad y la aproveché. Al año de haber despertado al poder del Milagro en Diez Segundos, había perdido más de 50 kilogramos, me había liberado de mi adicción al tabaco, y había puesto fin a mi atormentada relación personal. Milagrosamente, hasta mi visión empezó a mejorar una vez que empecé a hacer estos cambios en mi vida. Aunque desde que iba a tercero, llevaba unas gafas con mucha graduación, aprobé el examen de conducir sin usarlas, sólo un año después de mi experiencia reveladora. También mi visión interior se hizo más amplia y el camino de la vida más claro, cosa que me permitió emprender la profesión que, hasta la fecha, tanto amo.

Creamos lo que somos a cada momento

Mi experiencia me ha enseñado que si hallamos la manera de librarnos de las constricciones, nos liberamos para sentir la corriente del amor. Si sabemos cómo avanzar a través de los puntos muertos de la intimidad, poseemos un tesoro de incalculable valor. De lo contrario –si nos dejamos vencer por el peso de la constricción–, nuestro corazón muere cada vez un poco más. Si nos damos la vuelta y nos resignamos a dejarlo para otro día, una parte de nosotros siempre se pregunta: ¿llegará realmente ese día?

Llegamos a ser lo que somos según nuestra manera de enfrentarnos a nuestra intimidad potencial. Permitidme insistir un poco más en este punto: moldeamos el curso de nuestra vida a partir de los momentos en los que o bien nos abrimos a la intimidad, o bien nos acobardamos ante ella. Creamos nuestro destino según sepamos afrontar el peso de nuestro anhelo. Por desgracia para muchos de nosotros, nos sentenciamos a una vida de soledad y de falta de plenitud. Al no saber qué desvío tomar en los momentos cruciales del destino al que nos enfrentamos en cada momento, nos perdemos y muchas veces ya no sabemos cómo volver al hogar.

Pero vosotros y yo no estamos solos en esto. Creo que todos sentimos el peso del anhelo. Mi trabajo me ha permitido dar la vuelta al mundo más de treinta veces, y todavía no he conocido una cultura en la que este anhelo no sea una parte de la vida cotidiana. La única diferencia está en cómo nos enfrentamos a él.

¿Cómo se enfrenta cada uno al peso de este anhelo? ¿Con una explosión de ira? ¿Rindiéndonos? ¿Tomando el mando a distancia del televisor? ¿Abriendo una caja de bombones? Nuestra manera de poner los puños sobre el pecho dice mucho sobre cómo somos. Si los abrimos y conectamos con los demás, llegamos a ser más felices, libres y productivos. De lo contrario, nada de lo que consigamos llenará ese vacío.

Me gustaría haceros un regalo que sé que puede cambiar vuestra vida. A través de la observación –en concreto a través de miles de horas de terapia de relaciones– he descubierto algo que ha hecho cambiar radicalmente mi vida amorosa. En realidad, ha hecho posible mi existencia misma. Desde que lo he descubierto, mis relaciones se han hecho más fáciles, creativas y llenas de alegría. Mi matrimonio con Kathlyn está más lleno amor de lo que nunca hubiera imaginado.

El regalo es éste: hay unas cuantas cosas muy simples que se pueden hacer para liberarse del peso del anhelo. Cuando nos liberamos de él, sentimos de nuevo la corriente del amor. Y cada una de esas cosas puede hacerse en menos de diez segundos. Llegar a dominarlas invita a toda una vida de práctica. Yo sugiero que hagamos de su dominio parte de nuestra meta en la vida, para conseguir que nuestras relaciones se conviertan por sí mismas en sendas de desarrollo artístico y espiritual.

Es posible crear una revolución positiva a nuestro alrededor

Los Milagros en Diez Segundos revolucionan la manera de relacionarse de las personas. Una vez que empezamos a ponerlos en práctica nos damos cuenta de que, a ojos de los demás, parecemos personas muy diferentes, y ellos también cambian a causa de su contacto con nosotros. Ayer mismo, sin ir más lejos, una mujer dijo algo que me conmovió profundamente. Era el primer día de un cursillo sobre relaciones, de una semana de duración, que organizamos varias veces al año en nuestro centro de Santa Bárbara. Siempre hacemos que el primer día la gente se presente y pronuncie unas palabras en relación con lo que esperan obtener del cursillo. Una psicóloga dijo que, después de haber asistido a varios talleres de terapia de relaciones que empleaban sistemas diversos, cada vez que volvía a casa, su marido, que era contable, rechazaba el nuevo lenguaje que empleaba y las cosas que ella le proponía para su matrimonio. Sin embargo, tras haber asistido a nuestro cursillo introductorio hacía algunos meses, su esposo había tenido una reacción completamente distinta. Le dijo: «No sé lo que has hecho en ese curso, pero quiero que sigas asistiendo. Y yo también quiero ir. Se ve que no empleas ninguna jerga y que no estás intentando enseñarme nada; simplemente estás tan cambiada que me gustaría poder cambiar un poco yo también. No sé qué es lo que has aprendido, pero quiero que lo aprendamos juntos».

Lo que había aprendido era el empleo de los Milagros en Diez Segundos. Para ello no hace falta una terminología especial, ni intentar convencer a nadie de su eficacia. Se trata sencillamente de ponerlos en práctica, y las vidas, con ello, experimentan un cambio.

Lo que vamos a hacer en nuestro viaje conjunto es explorar esas pequeñas cosas. Os invito a comprometeros en cuerpo y alma durante un breve período de tiempo, el que se tarda en acceder al conocimiento. Os invito a realizar una inversión de tiempo capaz de alumbrar una vida llena de amor tranquilo. Os invito a practicar estas técnicas para poder cosechar las ricas recompensas que nacen de sentir la corriente del amor cada día de nuestra vida.

Mi promesa

Hago desde aquí una promesa: si empleáis los Milagros en Diez Segundos en vuestras vidas, experimentaréis tres grandes beneficios. Probablemente serán muchos más, pero incluso en el caso de que recojáis sólo estos tres, estoy convencido de que la empresa habrá valido la pena.

En primer lugar, se simplificará el área más complicada de la vida, la de las relaciones más estrechas. El sufrimiento innecesario causado por enrevesados dramas de relación consume una increíble cantidad de energía. Según mis observaciones, se trata de la principal pérdida de energía creativa. Si empleáis los Milagros en Diez Segundos os daréis cuenta de que ésta aumenta más de lo que hubierais podido sospechar.

En segundo lugar, a medida que vayáis integrando los Milagros en Diez Segundos en vuestra vida, empezaréis a experimentar una sensación física claramente positiva. Os sentiréis más ligeros, con una sensación de fluidez en el cuerpo y de claridad en la mente. Es una sensación que vendrá a ocupar el espacio del anhelo y el miedo que tantas veces os ha invadido, tantas que ya ni siquiera os dais cuenta de ello. Con la práctica, descubriréis que podéis poner en marcha esta placentera sensación en vuestro cuerpo siempre que lo deseéis. Hay que sentirlo para creerlo.

En tercer lugar, llegaréis a ser conscientes de que tenéis mucho más poder del que os imaginabais. Estoy refiriéndome a un poder real —que puede sentirse en el cuerpo, constantemente— y no a uno ilusorio que va y viene en función del dinero, el éxito profesional y otros indicadores de posición social. De hecho, descubriréis que sois la fuente de los milagros de vuestra vida, capaces de generarlos a voluntad. Sólo hacen falta uno o dos pasos milagrosos culminados con éxito para que se produzca la sorpresa en vosotros mismos. Una vez que esto haya sucedido, ya seréis imparables. Pronto empezaréis a producir milagros allá por donde vayáis. La sensación de seguridad en vosotros mismos supondrá un cambio en vuestras vidas y será un ejemplo para aquellos que os rodean.

En nuestro trabajo conjunto, a lo largo de este libro, aprenderéis a producir estos pasos milagrosos con tanta suavidad y rapidez que llegaréis a propiciarlos en un abrir y cerrar de ojos. Puede decirse que literalmente vais a estar a un paso de crear milagros en el área más significativa de vuestra vida.

Tal vez el mayor beneficio sea, precisamente, saber que siempre estáis a un paso de conseguir algún beneficio. Sólo hace falta aprender algunos secretos y practicar unas sencillas técnicas. No importa que llevéis muchos años siendo desgraciados; aun así estáis a pocos segundos del milagro. Eso lo puedo garantizar, y no sólo porque lo haya visto suceder miles de veces. Lo garantizo porque conozco un secreto. Una vez que lo hayáis entendido, estaréis listos para el milagro.

El secreto

El secreto es éste: nuestras vidas prosperan o se tuercen como consecuencia de ciertos momentos en los que hay que tomar una decisión. En el mundo de las relaciones, no existe la fatalidad o el destino. Somos nosotros los que creamos nuestro destino decidiendo cosas (a veces muy nimias) en pequeños momentos de nuestra vida. A veces no les damos bastante importancia, olvidamos o negamos que decidimos tomar aquella opción, pero no debemos engañarnos: lo que elegimos en un momento determinado nos ha hecho ser lo que somos.

En especial, los momentos de decisión que afectan a las relaciones personales son capaces de dar forma a nuestras vidas. Yo he tenido el privilegio de presenciar las decisiones de muchas personas, momentos en los que eligieron cambiar su destino, cambiar su sufrimiento por su felicidad. Ojalá pudiera decir que siempre sucede así, pero lo cierto es que también he presenciado con dolor decisiones de otras personas que las han llevado en la dirección contraria. Por eso deseo hacer todo lo que esté en mi mano para prevenir un dolor innecesario en vuestras vidas.

¿Es realmente necesario sentir tanto dolor?

Hay gente que dice que ese dolor es esencial para forjar el espíritu. Yo estoy aquí para afirmar que esa idea es una absoluta estupidez. Mi experiencia de los últimos treinta años me ha enseñado todo lo contrario. Hay cierto dolor que es esencial y útil en nuestro aprendizaje de la vida, pero la mayor parte de él carece de cualquier valor y no enseña nada a nadie. Sencillamente viene causado por decisiones inadecuadas en momentos cruciales. Si aprendemos a mantener los ojos bien abiertos cuando estamos conduciendo un coche, eliminaremos casi todo el dolor que creamos cuando conducíamos a ciegas. Aprender a tomar las decisiones correctas en los momentos cruciales implica eliminar casi todo el dolor de nuestras vidas.

Pero para eso, lo que tenemos que hacer es aprender a ejecutar unos simples pasos milagrosos durante los segundos en los que las ventanas de la intimidad, que son las que crean el destino de las relaciones, permanecen abiertas. Y además, es de agradecer que ni siquiera haya que actuar a la perfección en estos casos. Si pasamos por alto una ventana, otra se abrirá al poco tiempo. En este libro también aprenderéis a actuar en caso de que os deis cuenta de que se os ha escapado una oportunidad.

Reconocer las ventanas

Quiero enseñaros a reconocer las ventanas de la oportunidad. Los siguientes ejemplos están tomados de problemas reales que he visto solucionar a muchas personas gracias a los pasos milagrosos que abordaremos más tarde. Al estudiar con atención estas ventanas de la oportunidad, veréis que todas siguen un mismo patrón. Si aprendéis a reconocer una, estaréis en el buen camino para aprender el funcionamiento de todas. El primer ejemplo sucede tantas veces en el transcurso de una semana que es difícil llevar la cuenta de todas las ocasiones en las que lo he presenciado. Yo lo llamo el *momento del malentendido:*

Me encontraba enseñando parte del material de este libro a un grupo de alumnos avanzados. Acababa de exponer la idea de que si pasamos por alto una ventana abierta y su correspondiente paso milagroso, podemos iniciar una «conversación de corazón» de diez minutos para regresar al punto en que nos hemos perdido (la misma conversación que aparece en la tercera parte del libro). Hice una pausa teatral y a continuación añadí: «No mantener esta conversación de diez minutos normalmente crea un problema de diez años». Mientras les daba tiempo a mis alumnos para que asimilaran la información, me volví para cambiar la transparencia y pasar a la siguiente página. Cuando volví a ponerme de cara al grupo, me di cuenta de que había una mujer en la primera fila con una expresión de dolor y miedo en el rostro. Le dije: «Donna, noto algo en tu expresión. Me gustaría saber cómo te sientes».

Con la voz quebrada por las lágrimas, dijo: «Lo que has dicho me parece tan deprimente. Bill y yo hemos perdido miles de momentos. No quiero pasarme diez años para poder solucionarlos».

Me di cuenta de que había malinterpretado por completo la idea que yo había expuesto. Creía que mis palabras significaban que estaba condenada a diez años de desgracia porque había pasado por alto muchas ventanas de oportunidad con las que las cosas podrían haberse solucionado de inmediato. Era lógico que aquello le pareciera deprimente. Pero en realidad lo que yo estaba diciendo era justo lo contrario, algo que implicaba grandes esperanzas. Estaba diciendo que independientemente de la cantidad de ventanas abiertas que hayamos dejado escapar, siempre podemos ponernos al día en diez minutos, si sabemos qué hay que hacer justo en ese momento.

Cuando se lo expliqué, se sintió tremendamente aliviada. Miró a los demás asistentes y preguntó: «¿Alguien más lo había entendido mal o he sido yo la única?». Resultó que ella había sido la única. A continuación, hizo la siguiente reflexión en voz alta: «¿Y por qué lo habré interpretado así?». Inmediatamente el rostro se le iluminó con una idea y se volvió para mirar a su esposo. «Me acabo de dar cuenta de que si lo he interpretado así ha sido porque hoy yo he llegado a clase llena de desesperación. Lo que quería era la confirmación de que entre nosotros ya no hay esperanza.»

Antes de empezar la sesión habían tenido un encuentro desagradable, que había quedado sin resolver. Les pregunté si estaban dispuestos a mantener una charla de corazón de diez minutos en el centro del aula. Los asesoré con dos pasos milagrosos y solucionaron la cuestión en menos de cinco minutos. Fue realmente milagroso ver sus radiantes rostros cuando volvieron a ocupar sus asientos.

Si no me hubiera dado cuenta de la expresión atormentada de Donna, y no hubiera hecho una pausa para preguntarle qué le sucedía, tal vez ella se hubiera llevado su desesperación a casa, después de la sesión de trabajo. De no haber tenido la valentía de hablar abiertamente cuando le hice notar la expresión de su rostro, tal vez le habría pasado por alto aquel punto de inflexión con su esposo.

La ventana de la oportunidad en este ejemplo se abrió cuando vi la expresión de Donna e inmediatamente me detuve para preguntarle qué le sucedía. Más adelante, aprenderéis que a esto lo llamamos *ventanas de sentimiento*. Me di cuenta de algunas señales en su rostro que apuntaban hacia algunos sentimientos, y empleé uno de los pasos milagrosos para abordarlos. Este tipo de momentos tiene lugar constantemente y, por desgracia, la mayoría pasan inadvertidos. A medida que vayamos adquiriendo práctica en producir Milagros en Diez Segundos en nuestras vidas, también nos daremos cuenta de los momentos en que las cosas «se tuercen», y sabremos sacar partido de las ventanas de oportunidad con las que podemos volver a enderezarlas fácilmente. Gran parte de las tristezas innecesarias nacen de ignorar dichas oportunidades.

Los componentes de los Pasos Milagrosos

Antes de aprender más sobre los Pasos Milagrosos, cosa que haremos en un apartado posterior, dediquémonos un momento a estudiar el paso que yo di con Donna. A pesar de su aparente sencillez, las dos frases que le dije contienen la clave para generar milagros a cada momento. La primera fue: «Donna, noto algo en tu expresión». La segunda: «Me gustaría saber cómo te sientes».

Es la intención la que produce el milagro

Es la intención que subyace al paso milagroso la que en realidad produce el milagro. Las mías se encaminaban a la constatación, al conocimiento y a la creación de un espacio abierto de armonía. Mi intención no era criticar a Donna por la expresión de su rostro, ni intentar corregirla. No intentaba que viera que estaba equivocada y que yo tenía razón; en otras palabras, no estaba intentando imponer mi programa sobre el suyo. Comparemos mi modo de abordar ese momento con los típicos pasos que se dan cotidianamente en estos casos. Enfrentados a una situación idéntica, muchas personas ignorarían la expresión en el rostro de Donna. E incluso si se percataran de ella, muchos intentarían convencerla de lo inadecuado de sus sentimientos. Impondrían su programa sobre el de Donna.

Al decir: «Noto algo en tu expresión», lo que hice fue simplemente colocarle delante un espejo imaginario, haciéndole saber que había tomado nota de su reacción. Y este es uno de los componentes primordiales del Paso Milagroso. Yo lo llamo «mirar y ver», que es lo contrario de «ignorar». Al no ignorar lo obvio, nos situamos directamente en contacto con la realidad de Donna, y con la realidad general. Al hacerlo, nos volvemos más seguros a los ojos de los demás; alguien que está en contacto con la realidad es mucho más seguro que quien la ignora.

Después, al decir: «Me gustaría...», abrí un poco más

una zona segura para que Donna pudiera experimentar lo que estaba experimentando. Al mostrar mi interés, le mostré mi intención de ayudarla a hacer descubrimientos, y no de decirle que sus sentimientos eran incorrectos. Esta intención es un componente fundamental de cualquier Paso Milagroso. Yo la llamo «tener curiosidad» y es justo lo contrario de «creer que ya sabemos». Casi todos procedemos de entornos en los que se nos reprendía por nuestros sentimientos. Casi todos hemos crecido entre personas que siempre creían tener razón, que creían saberlo todo, y que normalmente carecían de la capacidad para maravillarse ante las cosas. Solían abordar nuestros sentimientos a través de un filtro que les hacía desear que éstos fueran diferentes, en lugar de preguntarse y sentir una genuina curiosidad hacia ellos. Mucho más tarde, descubrí que esta actitud había estado muy presente en el caso de Donna, ya que procedía de un entorno familiar en el que era maltratada física y psicológicamente.

Con dos frases sencillas, conseguí crear una zona de seguridad dentro de la cual pudiera aprender. Era un área libre de vergüenza y llena de puras posibilidades de descubrimiento. El siguiente milagro lo descubrió ella por sí misma. Enfrentada a la disyuntiva de mantener ocultos sus sentimientos o revelarlos, optó por esta segunda opción. Su manera de hacerlo demostró otro de los componentes primordiales de los Pasos Milagrosos. Primero dijo lo que sentía sin procesar la información. Después, cuando supo que había malinterpretado mis palabras, se responsabilizó de su manera de entenderlo (en lugar de echarme a mí la culpa por habérselo explicado mal). Finalmente se preguntó por qué lo había interpretado de aquella manera, y en ningún momento se puso a la defensiva o cambió de tema. En otras palabras, ella se dotó a sí misma del mismo espacio abierto que yo le había dado, y como recompensa obtuvo un descubrimiento personal de primera magnitud. Y todo sucedió en cuestión de segundos.

Como he tenido la ocasión de presenciar miles de momentos como éste, ahora puedo afirmar con seguridad lo siguiente: nuestro crecimiento psicológico y espiritual no tiene por qué ser lento. Puede suceder casi instantáneamente si adoptamos las intenciones adecuadas en la vida. Con práctica, no necesitaremos siquiera ayuda externa, pues la vida se convierte en nuestra maestra, siempre que nos mostremos abiertos a aprender de cada momento.

Un momento de injusticia

Veamos ahora si sois capaces de identificaros con la difícil situación que me dispongo a exponer. Existe una situación clave que se produce con frecuencia en la vida real, a la que llamo el *momento de injusticia*. Este tipo de situaciones nos pone en una tesitura difícil de manejar. El hecho de no saber enfrentarse con éxito a estos momentos de injusticia es seguramente la primera causa de consumo de analgésicos del mundo, por delante de las lesiones derivadas de la práctica del ejercicio físico. Y la razón es la siguiente: durante miles de años, los seres humanos han sentido ira en los momentos de injusticia. Si alguien se aprovecha de nosotros, nos enfadamos ante ese ultraje. Pero como la otra persona suele estar en una posición de poder con respecto a nosotros, nos tragamos la ira en lugar de expresarla.

Veamos el caso real de un hombre que estaba aprendiendo a emplear los Milagros en Diez Segundos como parte de una terapia de pareja a la que asistía con su esposa. Su primer momento de revelación tuvo lugar en mi despacho.

> Kevin era un apasionado del fútbol. Llevaba a sus hijos a entrenar dos veces por semana, nunca se perdía un partido en el que jugaran ellos, y ayudaba al entrenador siempre que podía. La mayor parte de su vida social con su esposa giraba en torno a actividades relacionadas con el fútbol. Una tarde, a las 5.30, se encontraba ordenando su escritorio para marcharse, pues tenía que asistir a un partido, cuando de pronto su jefe entró como una exhalación. Arrojó unos papeles sobre su escritorio y le dijo:
> –¡Dentro de dos horas tengo que cerrar el acuerdo con Sheaffer! Tienes que revisar toda la documentación y entregármela antes de que los lleve a cenar a las 7.30. Si te parece que todo está correcto, entonces podremos firmar esta misma noche.
> Kevin le contestó:
> –Oh, vaya, lo siento mucho, Ken, no puedo. El partido de mis hijos es dentro de una hora.
> Su jefe le miró entre asombrado y desdeñoso.
> –Venga, Kevin, ya habrá otros muchos partidos de fútbol. ¡Se trata del contrato con Sheaffer, por el amor de Dios!

He aquí una ventana de oportunidad. Según la reacción que tenga Kevin, la relación, y hasta la carrera profesional, puede romperse o crearse. ¿Qué hizo Kevin? Evidentemente, la petición del jefe era injusta, pero plenamente justificable. La vida está llena de momentos así: nos vemos atrapados en medio de dos fuerzas opuestas, y nosotros estamos entre ellas.

Kevin operó su Milagro en Diez Segundos. Dentro de los diez segundos que siguen al momento de injusticia, se abre ante nosotros una ventana de oportunidad que hace que podamos llevar la conversación en una dirección opuesta. Él consiguió cambiarlo todo con una simple afirmación.

Le dijo a Ken:

—Me siento muy tenso, Ken. Me he comprometido con mis hijos y también tengo un compromiso contigo y con la empresa. No sé qué hacer.

Luego hizo una pausa y aguardó. El silencio fue tenso en aquellos instantes, pero tras unos segundos Ken suavizó el tono y le contestó:

—Lo entiendo. La familia es importante. Me gusta que te sientas tan comprometido con ellos. ¿Podrías llevarte los documentos al partido y echarles un vistazo? Te llamaré al teléfono móvil cuando llegue al restaurante, y me comentas los problemas que hayas visto.

Kevin respondió:

—Claro, ningún problema.

Cuando estamos entre la espada y la pared, sólo un milagro puede salvarnos. Afortunadamente, una vez que aprendemos las reglas, los milagros se producen con rapidez.

Fijémonos en lo que hizo Kevin. En vez de adoptar de inmediato el papel de víctima —obligando a su jefe a ponerse en el de verdugo— expresó una verdad irrebatible sobre los hechos reales que estaban teniendo lugar en su cuerpo y en su mente: «Me siento muy tenso, Ken, no sé qué hacer». Este paso le sacó del papel de víctima y le puso en pie de igualdad con Ken. Los dos estaban metidos en un lío, aunque Ken representaba la exigencia y el autoritarismo a la espera de que Kevin se arredrara y se doblegara a su petición. Cuando asumimos el papel de víctimas, estamos dando todo el poder a la otra persona. Lo único que conseguimos es acumular resentimiento. Kevin, con una simple frase, se puso a la altura de Ken, nivelando así la desventaja de poder. Y con ello produjo un milagro.

Es posible que alguien piense que Ken podría haber ignorado la frase de Kevin y llevársela por delante. Pero yo estoy seguro, basándome en los cientos de casos reales que he presenciado, de que eso es algo que casi nunca ocurre. De hecho, afirmaciones como las de Kevin consiguen parar los pies a la gente. La gente no me cree cuando lo digo, hasta que empiezan a poner en práctica los Milagros en Diez Segundos.

Sumario

Ahora que ya hemos hecho una primera aproximación a unas cuantas personas normales, como nosotros, capaces de hacer milagros, ha llegado el momento de aprender a producirlos nosotros mismos en nuestra propia vida. Yo estoy listo para contar todo lo que sé sobre la creación de estos milagros instantáneos. Y como me considero a mí mismo mi mejor paciente, puedo afirmar que descubrir y poner en práctica los Milagros en Diez Segundos me ha supuesto un viaje magnífico de infinita riqueza.

Si tú, lector, te sientes preparado para aprenderlo, vuelve la página y sígueme en lo que tal vez sea el trayecto más emocionante de tu vida.

PRIMERA PARTE

CREAR MILAGROS EN LAS RELACIONES PERSONALES

Conversación de corazón a corazón

Obtener lo que queremos de las relaciones personales: datos imprescindibles

Un secreto importante

Acércate a mí un momento, porque tengo que contarte algo que he aprendido, trabajando con miles de personas, sobre los problemas de las relaciones personales.

> El secreto: El compromiso es el mayor problema de la relación, pero hay otros dos que siempre le acompañan. Son tan inseparables que yo los llamo el «problema tres-en-uno». Existe una solución que dura menos de diez segundos y que todos deberíamos conocer, pero que casi nadie conoce. Quiero enseñarte a solucionar este problema ahora mismo.

Una vez que dediques esos diez segundos a solucionarlo, tu vida amorosa no volverá a ser la misma.

Me comprometo a ayudarte a resolver el problema tres-en-uno en este capítulo. Por favor, déjame hablar con pasión y con franqueza. Si a veces te parece que soy duro, es porque el tema que vamos a tratar me preocupa enormemente. He visto mucho dolor, dolor innecesario, causado por no conocer el secreto.

Lo que hay que saber sobre el compromiso

Para empezar, me gustaría que fueras tú el que aceptaras un compromiso. No tiene ningún sentido molestarse con un tema que tiene tanto poder a menos que uno esté dispuesto a comprometerse consigo mismo. Aunque ya estás lo bastante comprometido, ya que te has puesto a leer este libro, me gustaría que fueras un paso más allá y te comprometieras profundamente en lo que yo llamo el *compromiso físico integral*.

Piensa que este momento es como aquel en el que Cristóbal Colón reunió a su tripulación y les dijo: «Partimos en busca del Nuevo Mundo. Hay datos fiables que hacen pensar que existe, porque hemos oído contar muchas historias al respecto, pero, admitámoslo, nadie puede estar totalmente seguro hasta que haya puesto los pies sobre esa tierra. Me comprometo a hacer todo lo que esté en mi mano para encontrarlo. Voy a dedicar mi vida a ello. Si alguno de vosotros no está absolutamente convencido de querer ir allí conmigo, que se baje del barco ahora mismo. No pasará nada. Pero si os quedáis, voy a trataros como si estuvierais igual de comprometidos que yo».

Si esta aventura os resulta atractiva, estáis listos para...

El compromiso inicial

> Compromiso: Me comprometo a vivir en una corriente de amor y conexión, tanto en mi interior como en mis relaciones más íntimas. Esto es lo que realmente quiero, y nada me detendrá hasta que lo consiga.

Deténte ahora y pronuncia este compromiso. Que te salga del fondo del corazón, siéntelo en cada célula de tu cuerpo. Asegúrate de que esto es lo que realmente deseas. A mí me consta que es posible, porque vivo en esa corriente de amor desde que descubrí lo que expongo en este libro. También me he alegrado al ver a otras personas abrirse al flujo del amor y la conexión. Pero nada de eso te ayudará a ti, a menos que te comprometas desde el tuétano, a menos que sea esto lo que realmente deseas. Tu compromiso iniciará la corriente de los milagros.

La solución del Milagro en Diez Segundos en relación con los problemas de compromiso se inicia haciendo una pausa para permitir que el compromiso se asiente en nuestro cuerpo. Espera, por tanto, a que tu cuerpo diga ¡sí! Antes de iniciar esta gran aventura, elimina cualquier duda dejando que sea tu cuerpo el que decida, no sólo tu mente.

Yo recomiendo el siguiente paso con cualquier tipo de compromiso, grande o pequeño: prueba el compromiso en el cuerpo, y atiende a tus sensaciones internas hasta que ellas te digan que puedes seguir adelante. Son muchas las personas que se embarcan en compromisos mentales que carecen de valor porque no se han parado a escuchar con atención si su cuerpo estaba de acuerdo con su mente. No cometas tú este error. Para poder crear milagros en las relaciones personales, primero es necesario tener el apoyo de todas y cada una de las células de nuestro cuerpo, esos millones de millones de amigas que están ahí para ayudarnos. Sin ellas, el camino es solitario y la noche se hace larga.

Tres-en-uno

Si tu cuerpo da su consentimiento al compromiso, ya podemos pasar a los otros dos problemas asociados a él. La gente tiene problemas a la hora de comprometerse porque no lo hace desde la totalidad de su ser. Se comprometen con la mente y de palabra, pero no con todas las células de su cuerpo. Por tanto, están «fuera de su cuerpo», no son ellos mismos, cuando creen comprometerse. Y para ese incumplimiento de sus compromisos, tienen una excusa: «No eran ellos mismos cuando se comprometieron».

Sígueme a mi despacho para ver con claridad lo que quiero decir. El siguiente diálogo está tomado de una sesión inicial con una pareja de algo más de veinte años. Ella se quejaba de que su compañero era disperso e indeciso; él, de que ella era excesivamente crítica, y que siempre «me controla». Tras oír las historias introductorias, empecé a abordar con ellos el tema del compromiso:

YO: Sandra, ¿qué es lo que de verdad quieres de Terry?

SANDRA: ¿Que qué es lo que quiero? Lo que quiero es tener una idea aproximada de la fecha de nuestra boda. Nuestros padres llevan más de un año queriendo saberla, y yo ya estoy cansada de decirles que no lo sé.

YO: ¿Qué dices a esto, Terry?

TERRY: ¿Qué digo a qué?

SANDRA: Siempre hace lo mismo, hace ver que no lo entiende.

YO: ¿Qué dices de la fecha de la boda?

TERRY: Pues no lo sé.

YO: Permíteme que sea más directo. ¿Quieres casarte con Sandra?

TERRY: Sí, claro.

Cuando pronunció estas palabras, se giró de lado en la silla y se pasó la mano por la nuca.

YO: Por tus gestos me inclino a creer que tienes dudas al respecto. ¿Cuáles son?

TERRY: Supongo que no estoy seguro del todo.

YO: Bien, conecta contigo mismo y averígualo. Sólo tienes que mirar y ver qué hay.

TERRY: ¿Y cómo se hace eso?

YO: Concéntrate en tu interior durante unos segundos hasta que veas cuáles son esas dudas.

Terry se pasó unos segundos sentado, sin hablar, centrándose en su interior. Sandra le observaba con atención.

TERRY: *No estoy seguro de quererla.*

SANDRA (estallando): ¡Terry!

YO: Díselo directamente a ella.

TERRY: No estoy seguro de quererte.

SANDRA: ¡Por fin, Terry, ahora me entero! ¿Cuántas veces me has dicho «te quiero»? ¿Más de mil?

YO: Respirad profundamente unos instantes. Probablemente dentro de poco tiempo os sentiréis de otra manera, pero por ahora, valorad lo que estáis sintiendo. Sandra, acepta tu enfado. Terry, acepta tus dudas. Además, Terry, creo que estás asustado. Explora en tu interior para ver si tengo razón.

TERRY: Bueno, he esperado mucho tiempo para decir esto, pero tenía miedo de que se enfadara, como finalmente ha sucedido.

YO: Hay algo más, lo noto en tu voz.

TERRY: No es por ti, Sandra, es que *no estoy seguro de saber qué es el amor*; ¿siento lo que se supone que debería sentir?

YO: Intenta hacer un experimento de diez segundos. He descubierto que hay una manera bastante fiable de saber si alguien debe estar con otra persona. Mira a Sandra a la cara. Si estuvieras en tu lecho de muerte y el rostro de Sandra fuera el único que pudieras contemplar antes de morir, ¿sería ése el rostro que desearías contemplar?

TERRY (asintiendo con fuerza): Sin duda, sí.

SANDRA (rompiendo a llorar): Gracias.

YO: Ahora, sintoniza con tu cuerpo; ¿qué sensación acompaña a esa certeza?

TERRY: *Una especie de calor que se expande por el pecho.*

YO: Mucha gente lo llama amor.

TERRY: Creo que es así como yo lo llamaría.

Terry aprendió algo que todos deberíamos aprender. No llegamos a conocer el amor —ni ningún otro senti-

miento– hasta que no lo sentimos en nuestro propio cuerpo. Cuando sentimos la sensación física del amor, del compromiso o de la duda, nuestra mente tiene algo real sobre lo que apoyarse. Sin las raíces de la sensación física, nuestros pensamientos son como los monos que dan vueltas y más vueltas en las ramas de los árboles.

Antes de hallar el amor en su cuerpo, Terry sufría un problema que invade a mucha gente a lo largo de toda su vida: *No sabemos cuál es la verdad de nuestro interior y no sabemos cómo decirle la verdad a los demás.* ¡No sabemos qué pasa en nuestro propio cuerpo! ¡No sabemos decir la verdad! Estas son cosas que generan tremendos problemas: si no nos conocemos a nosotros mismos, ¿cómo vamos a saber lo que queremos? Si no nos conocemos, ¿cómo vamos a saber qué es lo que está boicoteando el cumplimiento de nuestros compromisos? He aquí los problemas que van aparejados a los problemas de compromiso.

Los resultados, en el caso de Sandra y Terry, fueron inmediatos. Aquellos escasos segundos de contacto con su cuerpo dieron a Terry la certeza que necesitaba. Cuando vinieron para la segunda sesión, ya habían fijado la fecha de la boda. Avanzaron en paz durante los tres meses que faltaban hasta el gran día sin apenas topar con obstáculos. Y seguían así cuando se trasladaron a otra parte del país un año después, que fue cuando perdí el contacto con ellos.

El problema que crea tensiones en las relaciones personales también nos hace estar enfermos y cansados

Antes de llegar a descubrir el problema tres-en-uno, mis relaciones personales no iban bien y casi siempre estaba cansado. Además, enfermaba con mucha frecuencia. Me resfriaba tres o cuatro veces al año, y cogía cualquier virus que flotara en el ambiente. Una vez descubierto el Problema, el amor empezó a fluir en mi vida y, lo que es más sorprendente, actualmente casi nunca me canso, a pesar de ser veinticinco años mayor que en aquel entonces. Y por lo que se refiere a las enfermedades, puedo decir lo mismo. De tarde en tarde agarro una gripe, pero muchas veces pasan años sin que esté enfermo un solo día. Hace más de veinte que no he dejado de ir al trabajo por estar enfermo.

¿Cuál es «el Problema»?

Por decirlo sin ambages, el Problema que nos hace enfermar, que nos cansa y que nos priva de amor es este: pretender que no somos como en realidad somos. Abrimos el camino de la enfermedad en nosotros cada vez que abrimos una brecha entre lo que somos y lo que simulamos ser. En esa brecha se oye un rumor, rumor que se hace más intenso cada vez que intentamos ignorarlo. La solución es: cerremos la brecha y el rumor desaparecerá. Nos daremos cuenta, y el amor volverá a fluir. La energía y la salud llenarán los espacios que antes llenaba el rumor.

El dolor surge a partir del momento en que inconscientemente creamos una imagen de *lo que las cosas deberían ser*, y que entra en conflicto con *lo que las cosas son en realidad*. Si nos damos cuenta en diez segundos de que estamos actuando de esta manera, nos evitaremos un dolor más adelante. Por ejemplo, podemos estar enfadados por algo. Si nos damos cuenta en diez segundos y nos abrimos a ese enfado, podemos emplear la energía que éste genera para pasar a la acción. Podemos decirle a alguien qué es lo que nos molesta o, por lo menos, reconocer el enfado ante nosotros mismos. Pero en cambio, pensamos: «No debería enfadarme»; o «no es nada grave»; o «seguro que es culpa mía, de todas formas». Al crear una imagen de perfección en nuestra mente, perdemos de vista la perfección real de lo que está sucediendo en nuestro cuerpo. El enfado es real, de hecho es un regalo, y hay que saborearlo y explorarlo, en vez de rechazarlo.

La solución pasa siempre por dejar de fingir.

Si observamos a los niños cuando intentan hacer ver que no están enfadados, nos daremos cuenta de inmediato de cuál es el Problema. El enfado se percibe claramente en su cuerpo, y los vemos rebelarse contra él aguantando la respiración e intentando que las mandíbulas no les tiemblen. Es como si tuvieran un pie en el acelerador y el otro en el freno. Cuando dejan de fingir que no están enfadados, la energía de la emoción se abre paso y vuelven a sentirse bien de nuevo.

Casi cada día escenificamos una versión reducida de esta situación problemática. Si la repetimos muchas veces, acabaremos por estar siempre enfermos y cansados. Si la aplicamos a las relaciones personales, el amor dejará de fluir.

Todos los Pasos Milagrosos que vamos a aprender en este libro sirven para devolvernos ese flujo a nosotros y a nuestras relaciones personales.

La mayor parte del fingimiento lo concentramos en las áreas del sexo y la ira. Volvamos por un momento con la imaginación al entorno familiar en el que se desarrolló nuestro paso a la pubertad. Visualicémonos entrando en el salón y diciendo: «Hoy me siento muy excitado sexualmente. ¿Qué puedo hacer?».

¿Cuál habría sido la reacción?

Algo así como: «Estupendo. Eso es muy normal y natural en las personas de tu edad. Párate un instante para sentirla profundamente y para celebrarla. Es parte de la gloria de estar vivo. Diferencia muy bien entre lo que es sentir esa sensación y lo que es expresarla. Sentirla siempre está muy bien, pero para expresarla hay que ir con mucho cuidado. Hablemos un poco de cuáles son las maneras seguras y las manera peligrosas de expresarla».

No es exactamente así como habrían reaccionado en mi familia, y tal vez tampoco en la vuestra.

Hagamos un ejercicio de imaginación parecido con respecto a la ira. Entramos en el salón y anunciamos: «En este momento estoy muy enfadado. ¿Qué puedo hacer?».

En un 90 por ciento de los casos, la respuesta, con algunas variaciones, podría ser algo así como: «Es que no deberías sentirte así».

Cuando llegamos a la adolescencia, ya tenemos mucha práctica fingiendo no ser lo que realmente somos. Nos hemos convertido en profesionales a la hora de ocultar nuestro dolor, nuestros miedos, nuestros deseos y necesidades. Al ocultar lo que realmente somos, eso que somos permanece enterrado en nosotros, y si emerge a la superficie lo hace de manera distorsionada. Nos volvemos mártires silenciosos, o mocosos protestones. Nos evadimos comiendo o consumiendo drogas, en un vano intento de mantener la ficción.

Pero lo cierto es que cuando estamos enfadados, estamos enfadados. Cuando tenemos ganas de sexo, tenemos ganas de sexo, y cuando estamos dolidos, estamos dolidos.

¿Merecemos estar enfadados en este momento? No importa. ¿Es adecuado tener ganas de sexo en este preciso instante? Normalmente, no. ¿Es lógico que nos sintamos dolidos? Casi nunca. Pero eso no tiene nada que ver. Somos lo que somos, y la enfermedad empieza en el momento en el que fingimos no serlo.

El Problema se inicia cuando pretendemos hacernos creer a nosotros mismos que no somos como somos. Y luego complicamos ese Problema ocultando nuestra realidad a los demás.

Eso es todo.

Por eso enfermamos, nos cansamos y siempre tenemos hambre de amor. La explicación siempre es así de fácil.

Yo no creo que esto signifique que seamos malos, que estemos equivocados o que seamos estúpidos. Algunos tal vez seamos maliciosos, pero la inmensa mayoría de nosotros simplemente cayó muy pronto en el trance de la sociedad y nunca ha llegado a despertar del todo. Y seguimos en trance hasta que alguien se preocupa lo suficiente por nosotros y nos despierta.

Yo me preocupo por vosotros.

Despertad.

A PARTIR DEL MOMENTO EN QUE DEJAMOS DE FINGIR, EMPIEZA NUESTRA SANACIÓN. Una vez que vosotros y yo hayamos dejado de fingir, hay muchas cosas que podremos hacer para sentirnos bien, desde respirar profundamente hasta acceder a tratamientos beneficiosos que nos ayuden a perder peso. Una vez que crucemos la barrera, el mundo se abrirá ante nosotros como por arte de magia.

Respirad hondo ahora, y acercaos...

La Barrera

Existe una barrera que nos impide aceptar compromisos importantes y cumplirlos escrupulosamente. No es fácil hablar de ella, incluso cuando uno se encuentra entre amigos. Se trata del hecho de estar a la defensiva, y es el resultado de todo el fingimiento que hemos tenido que aprender para sobrevivir a la infancia. Adoptamos la costumbre de protegernos a nosotros mismos a una edad muy temprana, fingiendo no ser lo que somos. Después nos olvidamos de que estamos fingiendo, y el fingimiento nos parece la realidad. Creemos que lo que fingimos ser es realmente lo que somos.

Más tarde, cuando viene alguien y nos dice que estamos a la defensiva, ¿qué hacemos? Pues precisamente eso, ponernos a la defensiva.

Personalmente, no pienso que nos pongamos a la defensiva por maldad; es sólo que estamos asustados. Nos movemos en la oscuridad respecto de lo que interiormente somos, y cuando tenemos que indagar con detenimiento dentro de nosotros mismos, nos asustamos y nos ponemos a la defensiva.

Qué es en realidad ponerse a la defensiva

Ponerse a la defensiva es el acto de ocultarnos de nosotros mismos. Sólo hay un motivo que explique por qué hacemos algo así: que estamos asustados de todo lo que encontramos en nuestro interior. También nos ocultamos de los demás, y lo hacemos por la misma razón, es decir, porque tenemos miedo de lo que los demás puedan pensar si llegan a saber cómo somos en nuestro interior.

Ponerse a la defensiva es dar un paso destructivo que inicia un proceso mortal para las relaciones. Justificarlo es acelerar ese proceso mortal.

Ponerse a la defensiva es algo parecido a esto:

TÚ PREGUNTAS: ¿Cómo te sientes en este momento?

TU INTERLOCUTOR RESPONDE: ¿Es que no te das cuenta de que «La Ruleta de la Fortuna» empieza dentro de cinco minutos? Ahora tengo cosas más importantes que hacer que pensar en sentimientos y ese tipo de tonterías.

Responder así es ponerse a la defensiva. Nuestro interlocutor se defiende contra las posibilidades de aprendizaje que se le ofrecen en ese momento.

El acto de ponerse a la defensiva suele venir acompañado de una justificación. Es algo así:

TU INTERLOCUTOR (prosigue): Llevo todo el día trabajando hasta matarme y necesito un poco de paz y tranquilidad. Ya hablaremos más tarde de cómo me siento.

Contrastemos esta respuesta con una reacción no defensiva:

TÚ: ¿Cómo te sientes en este momento?

TU INTERLOCUTOR (después de algunos segundos de reflexión interna): Estoy cansado y me noto irritable. Todavía estoy un poco frustrado por una bronca que ha habido en el trabajo justo antes de terminar.

Este tipo de momentos, que no duran más de diez segundos, fortalecen las relaciones. Ponerse a la defensiva y justificarse las debilitan y acaban matándolas.

Todos conocemos maneras de evitar aprender lo que nos conviene aprender. Hay quien come más de la cuenta para evadirse de sus sentimientos. Yo mismo lo he hecho muchas veces. Durante años oculté mi ira y mi tristeza bajo una pesada capa de grasa. Se tarda años en acumular treinta kilos, pero se va haciendo bocado a bocado, y con cada uno se entierra un sentimiento. Cada vez que me tomaba un batido, en lugar de sentir mi tristeza, añadía unos gramos a mi peso. No quería reconocer cuánta pena acumulada estaba sintiendo. Supongo que para mí era más fácil aceptar que la gente me viera como una persona gorda que como una persona triste. Pero, ¿a quién estaba engañando en realidad?

Hay quien inicia una pelea con las personas que ama para evitar enfrentarse a sí mismo. Yo, sin ir más lejos. Kathlyn y yo, en los primeros años de nuestro matrimonio, nos descubríamos muchas veces enzarzándonos en una pelea los viernes por la tarde, justo antes de un fin de semana lleno de posibilidades de intimidad. Suponíamos que nos daba miedo disponer de tanto espacio para estar a solas. No sabíamos qué hacer con él. Pero sí sabíamos pelearnos. Si nos peleábamos, nos manteníamos en la zona de lo conocido. Ya no había necesidad de salir a la zona de riesgo de lo desconocido.

Mi mayor autodefensa en la actualidad es la ocupación. Siempre me mantengo ocupado, con lo que no tengo que darme cuenta de lo que sucede en mi interior. No me detengo ni un segundo, que es lo que se tarda en captar lo que la mente y el cuerpo intentan transmitirnos. Antes usaba la negación –fingía que no sabía– y la enfermedad para evitar enfrentarme a mí mismo.

Pero ¿qué hacer con estas pautas defensivas? Lo mejor es reconocerlas claramente, de la misma manera que reconocemos qué hora es. Os invito a que reconozcáis cualquier pauta defensiva que os vaya surgiendo a medida que aprendamos los Milagros en Diez Segundos. Sencillamente se trata de reconocerlas y ponerlas en cuarentena. No os las toméis muy en serio, y veréis que dejan de molestaros. Cuando notéis la irrupción de alguna barrera defensiva, pensad: *aquí viene una de mis barreras defensivas.* Y nada más. Una vez que hayáis aprendido que conocerse a uno mismo es mejor que ponerse a la defensiva, automáticamente optaréis por la que os haga sentir mejor.

El momento de la decisión

El compromiso hace que nuestras decisiones sean más poderosas. Por ejemplo, si sabemos que hemos contraído el compromiso de no beber, la decisión se hace más fácil cuando alguien nos ofrece una copa. El compromiso nos proporciona un lugar de firmeza.

El compromiso que adoptamos hace un rato –vivir en la corriente del amor y la conexión con nosotros mismos y los demás– nos da un punto de apoyo firme ante las arenas movedizas de las relaciones personales. Ahora, si tomamos una decisión concreta, nuestro compromiso será todavía más poderoso.

La decisión: Toma una decisión formal y consciente entre dos posibilidades: la intención de vivir en la corriente del amor, y la conexión y la intención inconsciente que suele interferir en la creación de los milagros. La intención inconsciente que normalmente nos boicotea es: *Estoy más comprometido en protegerme a mí mismo que en amar y ser amado. Dicho de un modo menos halagador: me interesa más tener razón que amar y ser amado.*

Sea cual sea el nombre que le demos, esta intención es capaz de arruinar vidas, destruir relaciones, y hasta de iniciar guerras. Hay pensadores muy sabios que afirman que esta intención va inextricablemente unida a nuestra maquinaria neuronal. Creen que es una pulsión de muerte y destrucción innata que se ha ido asentando a lo largo de miles de años. Pero otros pensadores, igualmente sabios, opinan que la intención de tener razón a expensas de ser amados no es más que un hábito negativo. Yo digo algo menos filosófico pero mucho más práctico: mira en tu interior sin vacilar, durante diez segundos, la intención de protegerte y tener razón, y luego escoge abrirte al amor. Yo he dado este paso y he animado a miles de personas a darlo. También a ti te recomiendo que lo des. Como dice Tasso, el filósofo: «Todo tiempo no invertido en amor es tiempo perdido». Estoy de acuerdo, y yo no quiero perder el tiempo. Si a ti te pasa lo mismo, respira hondo y...

Pronuncia para ti y en voz alta estas palabras: *Reconozco la poderosa tendencia que hay en mí y en los demás a protegernos y tener razón, y ante ella decido que dar y recibir amor sea algo más importante. Cuando tenga que elegir entre tener razón y vivir en la corriente del amor, me comprometo a vivir en la corriente del amor.*

Si lo has dicho y lo sientes así, ya estás listo. Estás listo para hacer milagros en las áreas más importantes de la vida. Y si estás listo para obrar milagros, sólo hay una única manera de empezar.

El primer milagro: qué hacer

*El cambio interior que en diez segundos
inicia la corriente de los milagros*

Sólo estás a un paso del lugar en el que nacen los milagros. Yo le llamo la Zona del Milagro, o Zona M. Con compromiso y algo de práctica, llegarás a sentirte tan a gusto en ella que acabarás viviendo ahí casi siempre.

Para acceder a la Zona M, primero debes aprender a dar un Paso Clave. Se trata de un sencillo cambio de conciencia, y este es un don orgánico que todos poseemos. Dar el Paso Clave es como alumbrarnos con un haz de luz, luz que también poseemos todos. Con el Paso Clave, las pilas nunca se acaban y la luz permanece siempre encendida.

El interruptor

Todos llevamos la Zona del Milagro dentro. Forma parte del «equipamiento de serie»; no hay que instalarla. Lo único que tenemos que hacer es aprender a conectarla. También contamos con otro don: el interruptor que pone en marcha esa fuerza siempre que lo deseamos. Además de enseñar este Paso Clave a miles de personas, yo he sido mi mejor paciente a este respecto. Empleo el interruptor cada día de mi vida. He recibido tantos milagros gracias a él que no sé imaginar la vida sin su existencia. Sería como conducir a ciegas. Os hablo como amigo, además de como maestro y terapeuta, y os digo que no hay nada que se le parezca.

Mi esposo y yo estábamos enzarzados en una pelea. Sé que es una tontería, pero estábamos discutiendo un sábado por la mañana por si nos comprábamos un sofá o una cama. Empezamos a discutir nada más levantarnos, y a medida que se acercaba la hora de salir de casa para ir a la tienda de muebles, la cosa se ponía cada vez peor. Yo entré enfadadísima en la cocina para hacerme un té y, con la tensión del momento, se me cayó la taza y se rompió en mil pedazos contra el suelo. Él había salido disparado en dirección al dormitorio, por lo que no oyó el ruido de la taza. Yo me quedé de pie, escuchándome los latidos del corazón, y entonces me vino a la mente aquello que me enseñaste en nuestra primera sesión (el Paso Clave). Como no encontraba ninguna otra solución, decidí probar.

Me detuve unos instantes y respiré hondo, me fijé en las sensaciones de mi cuerpo. Sentía las capas de enfado y ansiedad que me agarrotaban. Me limitaba a sentirlas, sin juzgarlas ni intentar hacer nada con ellas. Tú me habías dicho que podía durar unos diez segundos, pero no tardó ni cinco. De pronto, todo el enfado y el miedo se esfumaron y sentí un gran espacio abierto en mi interior. Noté lo mucho que me aferraba a la idea de tener razón, pero ahora ya no me importaba. Una gran sonrisa se esbozó en mi rostro. ¡Y ahora viene el milagro! En ese preciso instante mi esposo entró en la cocina sonriendo. Vio la taza rota en el suelo y me miró para ver si estaba bien. Y sí, allí estaba yo, sonriendo y mirándolo a él, con la taza hecha añicos en el suelo.

Me dijo: «Supongo que este es un buen momento para decirte que no me importa que compremos una cosa u otra».

Yo le dije que a mí tampoco me importaba, que lo echáramos a cara o cruz.

Y entonces empezamos a reírnos como locos.

Me encantan estos momentos; los he vivido en muchas ocasiones en mi relación con Kathlyn. A veces estamos atrapados en un conflicto que una hora después nos parece ridículo, pero que en ese instante da la sensación de que el futuro de la evolución humana dependa de él. Entonces uno de nosotros cede y pasa a la Zona del Milagro, ese gran espacio de libertad y fluidez que está en el centro de todo. Es en esos momentos cuando las relaciones progresan: cuando una persona, o las dos, da el valeroso salto hasta la zona de lo desconocido. Insistir en la discusión es quedarse en la zona de lo conocido. ¡Todos sabemos discutir! Hemos presenciado miles de discusiones, y casi todas acaban igual, sin llegar a ninguna solución. Pero desde el momento en que aterrizamos en la Zona del Milagro, abrimos la puerta a la posibilidad de una transformación genuina. Nos liberamos de las pautas del pasado y accedemos al reino radiante de lo milagroso.

En apariencia, lo que hizo Marsha puede parecer un movimiento pasivo, pero en realidad es cualquier cosa menos pasivo. De hecho, puede tratarse del paso más activo que existe. El que tenga lugar en nuestro interior no significa que sea pasivo. Hace falta mucho valor para dejar de aferrarse a la idea de tener razón. En momentos como ese, seríamos capaces de sacrificar nuestra felicidad y la armonía de la relación por conseguir el sofá que queremos. El Paso Clave es activo, porque hace que pisemos el freno de nuestros pensamientos, que son como un tren de carga desbocado. Es activo porque detiene durante un instante la fuerza de años de costumbre. Es activo porque nos abre al gran poder creativo de ese momento.

Quiero poner otro ejemplo, un caso práctico que aquellos de vosotros que paséis mucho tiempo en aeropuertos seguramente entenderéis muy bien.

Avanzo con prisa por el vestíbulo del aeropuerto de Denver. El vuelo desde Los Ángeles ha llegado con una hora de retraso, y tengo que apresurarme para no perder la conexión con Nueva York. Si pierdo el vuelo, tendré que empezar a cancelar citas y cambiar fechas. No estoy precisamente en un estado Zen; estoy decidido a tomar ese avión, pero el reloj me dice que no tengo ninguna posibilidad.

Llego a la puerta de embarque que me corresponde, y me doy cuenta de que el personal de tierra ya ha cerrado la puerta de acceso. Hay un tipo enfadado dando golpes en el mostrador y exigiendo un asiento. El asistente le explica con paciencia que no hay más plazas, que el avión está lleno. Yo contemplo esta escena, nada prometedora, y de pronto me doy cuenta de lo divertido de la situación. Me doy cuenta de que estoy tan inmerso en mi concepción de lo que deben ser las cosas que no estoy dejando espacio para la sorpresa. Así que decido administrarme mi propia medicina milagrosa: paro en seco y doy el Paso Clave. Tardo unos segundos en librarme del rumor de la ansiedad que hay en mi cuerpo, en notar la zona libre y despejada de mi interior. Pero pronto ya me encuentro en la Zona M. Percibo un gran cambio de actitud: ya no me importa el vuelo, sé que pase lo que pase, todo se resolverá.

En ese momento pasa algo increíble. El hombre que está enfadado se va del vestíbulo, profiriendo amenazas sobre querellas y jurando que nunca más volverá a viajar con esa compañía. Yo me adelanto hasta el mostrador, en el que hay un empleado que revisa algo en el ordenador. Entonces aparece un asistente de vuelo y le dice que ha habido un error en el recuento de pasajeros. Queda un asiento libre. Veo que el empleado levanta la vista y mira al hombre enfadado que se aleja. Una sonrisa felina de satisfacción se dibuja en su rostro, porque ha tomado una decisión. Me mira y me pregunta: «¿Va a Nueva York?». Resulta que la única plaza libre es de primera clase, así que en pocos minutos me encuentro instalado en un cómodo asiento, tomándome una copa de champagne y escribiendo una nota de agradecimiento a la compañía aérea por la profesionalidad de su empleado de tierra.

Al principio estas situaciones pueden parecer escasas e impredecibles, pero uno puede propiciarlas y cultivarlas. Es cuestión de práctica. Con un poco de costumbre, todos podemos llegar a dar los Pasos Milagrosos en menos de diez segundos, en el tiempo que se tarda en respirar hondo para relajarse. El camino hacia los milagros se inicia aprendiendo una regla que nos deberían haber enseñado a todos en el jardín de infancia, y que deberíamos haber puesto en práctica cada día desde entonces. Pero no nos la enseñaron, así que aprendámosla ahora.

La Primera Regla del Milagro

Todos llevamos la Zona Milagrosa en nuestro interior. Es libre y despejada, y se abre a infinidad de posibilidades. Hay muchas maneras de acceder a la Zona M, pero la más sencilla es a través de las sensaciones corporales, independientemente de lo agradables o desagradables que sean. La Regla es: *Cuando posamos nuestra atención, pura y libre de crítica, durante diez segundos sobre cualquier tensión o sensación corporal, dicha tensión o sensación se disuelve en una sensación de flujo, y más tarde en un espacio de apertura.* La Zona Milagrosa es esa sensación de apertura espaciosa. Los milagros se producen de manera espontánea en torno a cualquier persona que se encuentre ocupando esa zona de apertura espaciosa. Desde su interior, cualquiera puede crear sus propios milagros conscientemente.

Lo bueno de esto es que se puede acceder a la zona milagrosa a partir de cualquier situación, tanto si lo que sucede es que sentimos un agarrotamiento en los hombros como una oleada de desconsuelo. Lo único que hay que hacer es prestar atención durante diez segundos a la sensación, sin pretender juzgarla. Se puede acceder a ella a partir de un escalofrío de miedo y descubrir, diez segundos después, que éste se ha convertido en una corriente de agradable excitación. O a partir de un puño apretado por la rabia, que en diez segundos se transforma en un arrebato de gratitud. La Zona Milagrosa siempre está ahí, esperándonos, aunque llevemos meses o años girando en una espiral descendente.

El Paso Clave

La mejor manera de empezar a operar milagros es aprender a posar la atención durante diez segundos en las diferentes partes del cuerpo. No se trata de una cifra arbitraria; mis pacientes me la revelaron. Después de más de veinticinco años trabajando con la gente, he aprendido que diez segundos es el tiempo medio que se tarda en acceder a la Zona Milagrosa. Hay personas que lo harán en dos, y otras en doce segundos; lo realmente importante no es el tiempo que se tarde, sino darse el que haga falta para que el acceso sea posible. Sin embargo, me atrevo a predecir que, cuando los lectores hayan terminado este capítulo, se darán cuenta de que diez segundos son una eternidad. Hay tiempo de sobras para realizar las modificaciones importantes que habrán de llevarlos a cambiar sus relaciones personales.

Hacer caso de la Sensación Corporal Clave

Para ayudarte, lector, a convertirte en tu propia fuente de milagros, voy a pedirte que te hagas un experto en algo completamente radical, algo que casi nadie sabe hacer bien. Voy a pedirte que hagas caso de algo que la mayoría de la gente ignora o desprecia en su vida. Y no sólo voy a pedirte que hagas esta cosa rara, sino que voy a hacerte una promesa bastante radical también. Si aprendes a hacerlo correctamente, sentirás más amor y felicidad de lo que nunca has imaginado.

Si aprendes a fijar tu conciencia en ciertas sensaciones que tienen lugar en el cuerpo, a un nivel orgánico, no sólo conseguirás crear milagros en tu vida amorosa, sino que te sentirás en contacto con un sentido orgánico de divinidad. Y no es que lo diga para demostrar alguna teoría; son mis pacientes los que me lo han revelado. Una y otra vez, cuando aprendían a dar el Paso Milagroso, me decían que les ayudaba a realizar cambios drásticos en sus relaciones personales, y que les permitía experimentar una sensación de divinidad. Fueran de la religión que fueran, llegaban a sentir un sentido de divinidad orgánica en su interior. Aquella no era la razón original por la que yo les pedía que dieran el Paso Milagroso, pero lo cierto es que resultó ser un maravilloso efecto secundario. Soy partidario de todo lo que nos haga sentir un poco más divinos. Cuanto más divinos nos sentimos, mejor nos tratamos los unos a los otros.

El acceso a la Zona Milagrosa se produce cuando centramos la atención en la realidad de nuestras sensaciones corporales. El acto de centrarla sobre esa realidad arrastra la conciencia que se encuentra por detrás y a su alrededor. Una conciencia sale al paso de la otra, y de esa unión nace el milagro. Normalmente, la tensión se disuelve en cuestión de segundos, y volvemos a sentir el fluir de las sensaciones positivas. Además, también se libera la energía que consumía la tensión, con lo que ésta puede convertirse en acción.

Mi propia vida cambió drásticamente cuando aprendí a hacer caso de mi Sensación Clave, esa misma que quiero que mis lectores aprendan a valorar. Hacerlo me sirvió para perder mucho peso, para decir adiós a una adicción que amenazaba mi vida, para reconquistar mi salud y para crear un matrimonio feliz que ya dura casi veinte años. Mucho antes de que empezara a usar la expresión *Milagro en Diez Segundos*, un milagro así ya me había puesto en el camino hacia la plenitud. En 1968, un hombre llamado George tuvo la valentía de cuestionar mi comportamiento destructivo, y creo que aquel momento me salvó la vida. Me dijo que yo superaba mi peso en más de cincuenta kilos, que fumaba excesivamente y que me quejaba constantemente de mi vida afectiva. En un primer momento, me puse furioso. Pero más tarde descubrí que mucha gente reacciona airadamente cuando se les plantea lo obvio. George me preguntó: «¿Por qué tienes tanta tendencia a matarte? Tienes un potencial tan grande. ¿Por qué te esfuerzas tanto en destruirlo?».

Me pasé dos semanas ignorando su pregunta e intentando demostrarle que estaba equivocado, comiendo sin control y agarrando un resfriado tras otro. Pero luego, la vida me atrapó. Un día, dejé de maltratarme un instante y me enfrenté sin vacilar a su pregunta. Tomé el camino de los Diez Segundos: me limité a percibir mis sentimientos de rabia, desconsuelo y desesperación. Y en medio de todos aquellos sentimientos, hallé un espacio despejado. Me di cuenta de que me estaba matando a mí mismo de la misma manera que lo había hecho mi padre. Cuando murió, a los 32 años, estaba muy obeso, fumaba dos paquetes de Camel sin filtro al día y su relación de pareja era muy conflictiva. Murió con todo su potencial intacto.

Los diez segundos en los que estuve en contacto conmigo mismo me mostraron que yo estaba repitiendo paso por paso todos los aspectos de su vida. Creo que aquellos diez segundos de confrontación conmigo mismo me permitieron liberarme. Durante los muchos momentos difíciles que siguieron, siempre tuve presentes aquellos diez segundos, como punto de referencia. Y tuve que volver a ellos en muchas ocasiones, porque hace falta mucho empeño para perder cincuenta kilos, dejar de fumar y acabar con una relación afectiva que no funciona, en menos de un año. Pero lo conseguí, y si hoy estoy aquí es porque lo hice.

Todavía sigo empleando el Paso Clave todos los días. Además, he tenido el orgullo y el privilegio de presenciar el cambio en muchas vidas nacido del aprendizaje de los Pasos Clave. Por eso, estoy seguro de lo que digo: tu vida mejorará cuando aprendas esta cosa tan simple.

A lo largo de los años, se ha recopilado una considerable cantidad de información científica sobre el poder de los Pasos Milagrosos que se exponen en este libro. Veamos un solo ejemplo. El gráfico que aparece en la página 84 representa el grado de tensión en hombros y cuello de una mujer que está aplicando el Paso Clave que estamos a punto de aprender. Existe una máquina, llamada EMG, que sirve para medir la tensión. En este gráfico, se aprecia claramente la disminución de la tensión que tiene lugar una vez que ha dado el Paso Clave.

Pero ¿por qué un simple cambio del estado de conciencia es capaz de producir un tipo de resultado físico tan inmediato?

Si funciona es debido a otro aspecto de la Primera Regla Milagrosa: *La corriente de la felicidad y la armonía*

empieza cuando nos centramos, sin juzgarlas, en las cosas reales e irrebatiblemente verdaderas *de nuestro interior.* El Paso Clave es un modo muy concreto de prestar atención a algo muy real: las sensaciones esenciales de nuestro cuerpo. Los hombros y el cuello de la mujer se relajaron porque accedió a algo verdadero y real, y no tardó más de diez segundos en realizar ese cambio de enfoque.

Ahora, regresemos al Paso Clave.

Mis colegas y yo lo llamamos clave, o llave, porque siempre abre la puerta a un rico tesoro de conocimientos capaces de cambiar nuestra vida. Cualquiera puede aprender a darlo, normalmente después de tan sólo algunos intentos. Y como éstos duran sólo diez segundos, puede decirse que su eficacia es extrema.

Ahora, si estás listo, resérvate diez segundos y ¡adelante!

Instrucciones

Primero, intenta hacerte una idea de lo que son diez segundos a un nivel físico. Cuéntalos con ayuda del reloj mientras respiras hondo.

Para la mayoría de la gente, diez segundos son lo que se tarda en aspirar y expulsar el aire lentamente dos o tres veces. Durante la realización de todos tus experimentos de Diez Segundos —siempre que «visualices» el reloj— respira hondo dos o tres veces, y usa este recurso a modo de «cronómetro». Si lo haces así, y no estás pendiente del reloj, podrás centrar mejor la atención en el experimento.

> *Ahora que ya tienes una sensación física de lo que son diez segundos, ha llegado el momento de aprender el Paso Clave.*
>
> *Durante diez segundos centra tu atención, sin juzgarlas, en las sensaciones internas desde la cabeza al estómago. Concéntrate en esas áreas del cuerpo entendidas en su totalidad, como si estuvieras haciendo una toma cinematográfica de ellas de diez segundos de duración.*
>
> *Percibe las sensaciones físicas desde la cabeza hasta el estómago mientras respiras hondo dos o tres veces; empieza ahora.*
>
> *Si notas que tu mente se dispersa antes de terminar los dos o tres ciclos respiratorios, no te preocupes, es normal y natural. Vuelve a empezar y repítelo hasta que veas que puedes centrar la atención en las sensaciones del cuerpo durante dos o tres ciclos respiratorios completos.*

La Pregunta Clave

Ahora quiero que te plantees una pregunta sobre lo que has experimentado en estos diez segundos. Ante esta pregunta, no hay respuestas correctas o incorrectas. Es sólo algo que va a ir en tu beneficio, así que, ante todo, sinceridad.

Cuando sentías las sensaciones desde la cabeza hasta el estómago, ¿eran en su conjunto algo así como contraídas..., algo descentradas..., sin un fluir libre?

¿O eran más bien así: espaciosas..., abiertas..., fluyendo libremente?

Si obtienes una respuesta inmediata, perfecto. De lo contrario, no hay ningún problema. La mitad de la gente con la que trabajo es capaz de decir al momento si se siente contraída-agarrotada-descentrada o abierta-espaciosa-fluida. La otra mitad necesita volver a hacer el experimento de los Diez Segundos antes de estar segura.

Como se trata de un experimento tan importante, quiero que lo hagas otra vez, con un ligero cambio de instrucciones. Más de la mitad de las personas con las que trabajo tienen problemas para concentrarse durante los diez segundos seguidos. Eso no quiere decir que lo hagan mal; en definitiva, lo que estoy pidiendo es algo que la gente normalmente no suele practicar mucho.

Déjame que te enseñe un truco que casi siempre nos ayuda a entrar en contacto con nuestras sensaciones. Hay personas, entre las que me incluyo, a las que les resulta útil cerrar los ojos para captar con más claridad las sensaciones físicas. Con los ojos abiertos, más del 50 por ciento de la atención se va en la visión. Cerrar los ojos libera la atención y permite que nos concentremos en las sensaciones corporales. Cada uno tiene que decidir si le resulta útil o no. Evidentemente, si estamos en una situación en la que cerrarlos podría crearnos problemas, no debemos hacerlo.

Hagamos el experimento de nuevo, con las nuevas instrucciones:

> *Cierra los ojos y centra la atención, sin juzgarlas, en tus sensaciones físicas, empezando por la cabeza y bajando hasta el estómago.*
>
> *Tomadas en conjunto, ¿las sensaciones físicas eran algo así como* contraídas..., algo descentradas..., sin un fluir libre?
>
> *¿O eran más bien así:* espaciosas..., abiertas..., fluyendo libremente?

A estas alturas, seguramente ya sabrás si te sientes ligero o agarrotado. Para poder empezar a hacer uso de esta información, debemos averiguar con precisión lo que sentimos en nuestro interior.

¿Qué es la Sensación Clave?

La Sensación Clave –el «retrato» que acabamos de hacer– es la suma de las sensaciones en tres puntos básicos del cuerpo:

- La parte superior de la espalda, el cuello y los hombros.

- La garganta y el pecho.

- El estómago y el abdomen.

Estas tres zonas tienen una manera muy determinada de comunicarse con nosotros: nos hablan a través de las *sensaciones* que sentimos en ellas. Han hecho falta miles de años de evolución para desarrollar el lenguaje de estas sensaciones. Vale la pena hacerles caso.

Las tres zonas nos indican sensaciones concretas (esa es su manera de comunicarse). Todos llegamos a dominar el arte de atender las sensaciones de diferentes partes del cuerpo. Por ejemplo, la vejiga ha desarrollado una manera inconfundible de decirnos que es hora de ir al baño. Los tres puntos básicos también tienen su propio lenguaje, y la información que transmiten no es menos importante. Lo que ocurre es que nadie nos enseña a interpretarla. Cuando empezamos a ir al jardín de infancia, ya somos capaces de interpretar el «lenguaje de la vejiga» bastante bien, y al llegar a adultos lo dominamos a la perfección. Debemos llegar a dominar de la misma manera el de las otras zonas.

Tal vez te preguntes por qué no tenemos en cuenta las sensaciones de la zona sexual. Desde un punto de vista práctico, puede decirse que cuando llegamos a la edad adulta, éstas nos resultan bastante claras. Me he encontrado con un número relativamente pequeño de personas que no sabían descifrar si estaban o no sexualmente excitadas (¡siempre que estuvieran dispuestas a ser sinceras, claro está!). Por ahora, nos centraremos en las zonas que causan más dificultades en la vida cotidiana.

Ya he dicho que la Sensación Clave es como una fotografía de las tres áreas tomadas en su conjunto. Si la tuya te dice que no te sientes a gusto, que estás agarrotado/a o algo descentrado/a, te hallas ante una información muy útil. En realidad, debes tomarlo como una buena noticia, porque te está informando de algo que puede cambiarte la vida, y posiblemente salvártela. No exagero: he visto cómo se la salvaba a mucha gente.

La Sensación Clave es un sistema de señales interno. Si aprendemos a captarlo, estaremos en disposición de un instrumento de navegación de inusitado poder. La sensación «contraída-agarrotada-descentrada» nos dice cuándo debemos detenernos en algo que está sucediendo, algo a lo que tal vez no estemos prestando atención. La sensación «abierta-espaciosa-fluida» nos comunica que vamos por la vía correcta de la vida, nos dice: «Sigue así».

La Sensación Clave siempre está a nuestra disposición

La Sensación Clave siempre está lista y dispuesta a que hagamos uso de ella. Veamos la siguiente descripción de una mujer que lo aprendió durante un taller que llevamos a cabo en mi centro y que lo puso en práctica aquella misma tarde:

Volvía a casa del taller muy emocionada, y a la vez muy tranquila. Salí del coche y me dirigí a la puerta. Al poner la mano en el pomo, me di cuenta de que estaba aguantando la respiración y que me sentía un poco agarrotada en el pecho y el estómago. Me detuve un instante, la mano todavía sobre el pomo de la puerta, y escruté mis sensaciones corporales. De pronto, lo vi claro: tenía miedo y estaba triste. Respiré hondo y recuperé la fluidez de nuevo. Entré en casa y me quedé de pie un momento en el recibidor, respirando. Un poco después me di cuenta de que estaba dolida por una discusión que había tenido con mi hijo antes de desayunar. Él quería dejar la universidad un trimestre y dedicarse a viajar por la Costa Oeste de Estados Unidos. Yo no quería que lo hiciera. Justo en ese momento, mi hijo abrió la puerta de su dormitorio y me dijo: «Hola». Nos sentamos en la cocina y hablamos del tema. Discutimos durante cinco minutos y tuvimos una pelea terrible. Tuve que salir a dar una vuelta a la manzana y dar el Paso Clave unas cuantas veces más hasta que me sentí relajada por dentro. Después de varios «asaltos», llegamos a un compromiso. Él terminaría el semestre y se iría de viaje en verano, y si entonces todavía seguía pensando que no quería volver a la universidad, podría proseguir el viaje y trabajar en otoño.

He aquí un perfecto ejemplo de cómo el primer milagro es capaz de abrir la corriente interna que conduce a la conexión. El arte de las relaciones personales consiste en darse cuenta de la interrupción de la corriente y en saber restablecerla. Primero la corriente debe volver a fluir en nuestro interior; posteriormente podremos abordar la tarea más compleja de restablecerla en nuestra relación con los demás. Por suerte, una vez que aprendemos a buscar en nosotros mismos, llegamos a saber en una fracción de segundo si estamos o no desconectados.

Más cosas de la Sensación Clave

El aspecto incómodo/agarrotado de la Sensación Clave también puede verse como una «sensación vaga de anhelo». Existe una sensación más aguda de anhelo que la mayoría de la gente siente en el pecho (y a la que volveremos en un capítulo posterior), pero la Sensación Clave es más vaga y más difusa. No es un anhelo por una persona concreta; es el deseo de unión con nosotros mismos. La mujer del ejemplo de arriba anhelaba conectarse con

sus propios sentimientos esenciales, y además deseaba poder conectar con su hijo. Sus sensaciones corporales estaban ahí para recordarle que debía restablecer su conexión con ella misma y con su hijo.

Cuando no estamos en contacto con nosotros mismos, deseamos volver a sentir la unión con todas nuestras sensaciones corporales. Por ejemplo, si no atendemos el flujo de sensaciones de la zona de nuestro cuerpo que nos dice que estamos enfadados, nuestro cuerpo intentará captar nuestra atención con sensaciones de agarrotamiento y malestar, que son las que denominamos Sensaciones Clave. Si ignoramos estas Sensaciones Clave durante un tiempo, nuestro cuerpo nos envía un mensaje aún más fuerte, la enfermedad. Entonces, nos vemos obligados a prestar atención, porque no tenemos más remedio. Yo quiero que aprendamos a atender los mensajes sin necesidad de llegar a estos extremos. Aprendamos a bajar un poco el ritmo y fijémonos en la señal que nos indica «bache a la vista». Si lo hacemos, en vez de cerrar los ojos a la realidad, el aprendizaje no resultará tan doloroso.

El aspecto incómodo/agarrotado de la Sensación Clave también revela un anhelo de plenitud. Cuando algo desencadena nuestra ira o nuestro miedo, por ejemplo, nuestro cuerpo vive en un estado incompleto que no acaba hasta que somos capaces de admitir dichos sentimientos de manera consciente. En este libro aprenderemos a darles la bienvenida en diez segundos. Nuestra investigación demuestra que enfrentarse a ellos adecuadamente supone abrir la mayor ventana de las oportunidades. Si no llegamos a reconocerlos, nuestro cuerpo anhelará la plenitud y no parará hasta conseguirla. Los aspectos desagradables de la Sensación Clave son los reclamos de nuestro cuerpo en busca de la plenitud.

Los aspectos de apertura/espacio/fluidez de la Sensación Clave tienen lugar cuando estamos en armonía con nosotros mismos y con los demás. Siempre que sintonizamos con nuestros sentimientos y experimentamos una sensación de unión con los demás, nos sentimos abiertos y fluidos. En esos momentos, la vida funciona. Es entonces cuando debemos seguir con lo que estemos haciendo, cuando debemos seguir buscando la manera de hacer más.

El precio de ignorar las Sensaciones Clave

Pagamos un precio muy alto por no saber atender los mensajes de nuestro cuerpo. El coste es la salud, la felicidad y el amor. *No darnos cuenta de las Sensaciones Clave nos impide emprender las acciones adecuadas en los ámbitos más importantes de la vida.* Es como conducir un coche: si vamos en un coche y oímos un ruido que proviene del motor, lo más sensato es prestarle mucha atención, y acto seguido, emprender alguna acción que le devuelva el sonido propio de un buen funcionamiento. Lo que nunca hay que hacer es subir el volumen de la radio para no oírlo, aunque eso es precisamente lo que la sociedad, en especial la industria publicitaria, nos enseña a hacer.

Antes de que un niño empiece a ir a la escuela, ya ha sido bombardeado con miles de anuncios que le dicen:

Si te sientes deprimido, tómate una Pepsi o una Fanta.

Si quieres camaradería, bébete una cerveza con tus colegas.

Si quieres ser un hombre de verdad, fuma Marlboro; si quieres ser una mujer de éxito en tu profesión, lleva en una mano la cartera y en la otra una galleta adelgazante de Virginia Slim.

Al primer síntoma de dolor de cabeza, recurre a tu analgésico favorito.

Después de haber sido invadidos por este tipo de propaganda durante algunos años, empezamos a malinterpretar nuestra Sensación Clave. La entendemos como un signo de que el nivel de nicotina, azúcar o cerveza de nuestra sangre ha descendido de una manera peligrosa. Y lo que hacemos es abrir un paquete de algún producto, cuando lo que tocaría es abrir las ventanas de la percepción.

Ahora que ya sabemos cuál es el problema, y que todos lo sufrimos de una manera u otra, ¿qué es lo que tenemos que hacer?

El siguiente paso

Una vez realizado el experimento de la Sensación Clave, quiero que vayamos al siguiente paso. Ahora bien, antes que nada quiero que sepas que darse cuenta de la Sensación Clave, especialmente si fluctúa de un tipo a otro (por ejemplo, de «cómoda» a «incómoda»), es la base del Milagro en Diez Segundos capaz de cambiarnos la vida.

Poner en marcha la Sensación Clave

A medida que la capacidad para percibir la Sensación Clave aumenta, cada vez nos resulta más fácil hacer la revisión de cabeza a cintura, y los diez segundos iniciales se convierten en fracciones de segundo. Incluso llegamos a desarrollar la capacidad de saber inmediatamente si nos sentimos:

Incómodos o Cómodos.
Despejados o Agarrotados.
Abiertos o Retraídos.

Y con la práctica cada vez nos resulta más fácil. Nuestro cuerpo quiere hacernos saber todas estas cosas de manera orgánica, por lo que los beneficios que obtengamos serán inmensos una vez que empecemos a prestar atención. Las fuerzas de la sociedad –la publicidad, las religiones autoritarias, la educación represiva– quieren que ignoremos nuestras sensaciones corporales. Pero con algo de práctica llegaremos a hacer uso de la Sensación Clave en todos los momentos de nuestra vida.

He aquí otro ejemplo, tomado de un ejecutivo que trabajaba en una agencia de publicidad:

Un día estaba en la sala de fotocopias y entró un compañero. Charlamos un rato sobre un proyecto y luego volví a mi despacho. Me di cuenta de que había entrado en una sensación de incomodidad. Definitivamente, ya no estaba «conectado», no me sentía bien.

«¿Qué había pasado?»

Me centré en mis sensaciones corporales un instante: entre los omoplatos tenía una sensación de presión y tirantez, y el cuello se me empezaba a poner rígido. Me di cuenta de que estaba enfadado. Entonces me puse a recordar lo que había sucedido en la sala de las fotocopias. Mi compañero había hecho un comentario sarcástico sobre uno de mis proyectos, pero yo lo había dejado pasar sin replicarle nada. La irritación que sentía todavía estaba bloqueada en mi cuerpo, seguramente porque no había replicado. Descolgué el teléfono y le llamé.

«Bart, cuando me has dicho aquello de que durante la presentación del proyecto de Osgood mis diapositivas habían aparecido del revés, me he enfadado, pero no te he dicho nada. Al volver al despacho, me he dado cuenta de que tenía los hombros y el cuello agarrotados. Sólo quería comentártelo para no cargar con este peso todo el día.» Más tarde, mi compañero vino a verme a mi despacho y me dijo que había hecho aquel comentario sarcástico porque tenía envidia de mi capacidad para hablar en público.

Conoce a tu viejo amigo

La gran importancia del Milagro en Diez Segundos es que nos permite hacer al momento algo que nos devuelve la corriente de bienestar. Pero no seremos capaces de hacer nada si no contamos con la información de nuestro cuerpo, que tiene un millón de años. El cuerpo humano y sus sensaciones llevan en la Tierra mucho más tiempo que nuestro cerebro pensante. Si el cuerpo humano ha sobrevivido y prosperado, eso se debe a que ha atendido los mensajes de la Sensación Clave. Por lo tanto, una vez que hayamos aprendido a captar las señales que él nos envía, creo que todos llegaremos a verlo como al más viejo de nuestros amigos.

Pero no hace tanto tiempo que nos hemos desentendido de las señales de nuestro viejo amigo. De hecho hemos perdido el contacto con él por falta de educación, por las interferencias visuales y auditivas de la vida moderna, por las implacables técnicas de persuasión de la industria publicitaria y por sus hipnotizadores. Y ahora, sentimos una añoranza enfermiza por esta pérdida, y digo enfermiza porque perder las señales que nos envía nuestro viejo amigo nos produce más dolor y enfermedad que los gérmenes u organismos que tanto miedo nos dan.

Ahora bien, en cualquier momento, estamos a unos pocos segundos de reencontrarnos con él. Y ahora que ya lo hemos hecho, dediquémosle un tiempo a conocerlo más profundamente.

¿Qué es lo que la Sensación Clave permite liberar?

Sólo la vamos a emplear para dar Pasos Milagrosos, y también, para abrir la puerta de otras cuatro sensaciones capaces de operar cambios permanentes en nuestra vida. Todas estas cosas son regalos que nos ofrece nuestro viejo amigo, millonario en años.

Tres zonas, tres sensaciones concretas

Cuando nos damos cuenta de la Sensación Clave, podemos enfocar el haz de luz de la conciencia rápidamente sobre tres áreas concretas, cada una de las cuales aporta una información esencial.

A medida que vayamos poniendo en práctica esta poderosa tarea, no es raro que nuestra mente se disperse un poco. *La causa es que la disociación –el distanciamiento– es uno de los cuatro resultados principales que tienen lugar en el transcurso de cualquier situación dolorosa de la vida*, ya se trate de un trauma emocional o de un accidente físico. Cuando sufrimos un trauma, podemos ponernos tensos, acelerarnos, quedarnos helados o distanciarnos. Más adelante, si volvemos a detenernos en alguna herida interna, vemos que nuestra mente se distancia de manera natural, para impedir que volvamos a atravesar de nuevo el umbral de esa puerta. El truco consiste en darse cuenta de cuándo nos estamos distanciando, para poder así reconducir nuestra atención al punto deseado.

Zona 1

Centra tu atención acrítica en la parte superior de la espalda. Durante diez segundos, lo que se tarda en respirar hondo dos o tres veces, siente las sensaciones de los omoplatos, y luego pasa a fijarte en el cuello y los hombros; finalmente, dirige tu atención a las mandíbulas.

¿Tienes estas zonas...
agarrotadas y tensas?
¿O bien
relajadas y sueltas?
Simplemente se trata de fijarnos en lo que sentimos.
Después, sigue adelante.

Zona 2

Durante diez segundos, centra tu atención acrítica en las sensaciones internas de la garganta y el pecho.

¿Tienes la garganta...
despejada y ligera?
¿O bien
contraída?
Las sensaciones en el pecho, ¿se parecen más a esto: *agarrotado, pesado, incapaz de respirar hondo?*
¿O bien
despejado, ligero, capaz de respirar libremente?
Toma nota de lo que sientas, y sigue adelante.

Zona 3

Durante diez segundos, nota las sensaciones de la zona interna del estómago, por debajo del corazón hasta el ombligo.

¿Son tus sensaciones más bien
incómodas..., rápidas..., «un revolotear de mariposas»..., inquietas..., agarrotadas?
¿O bien
agradables..., fluidas..., ligeras..., relajadas?

Lo que indican las señales

¿Qué es lo que estas sensaciones corporales intentan decirnos? Piensa que no se trata de señales de la mente socializada; nuestras sensaciones son señales que proceden directamente de nuestro sistema nervioso de mamíferos, que ya existía mucho antes de que se desarrollaran las mentes modernas de que ahora gozamos. Aunque nuestra mente socializada pueda estar en desacuerdo con nuestro cuerpo, es éste el que siempre tiene razón. Nunca miente. Siempre nos da la información directa, y de nosotros depende el aprender a sacar partido de ella.

Os pondré un ejemplo personal que ilustra la manera de hacer uso de la información obtenida al prestar atención a la Sensación Clave.

Abrirse a la Sensación Clave

En este momento estoy haciendo una revisión corporal, y me siento tranquilo y distendido, excepto en la zona de la garganta y el pecho. En ese punto hay una sensación oscura, una ligera constricción. Hago una pausa y le presto atención durante diez segundos.

Me doy cuenta de que me siento triste. Al captar mis sensaciones de tristeza, me viene a la mente la imagen de mi nieta, Elsie. Me doy cuenta de que estoy triste y que la echo de menos. Sólo he tardado diez segundos en conectarme a ese sentimiento, pero al hacerlo se me ha hecho evidente que de alguna manera ha estado presente durante todo el día. Lo que sucedía era que yo no me había detenido a escucharlo. Sin embargo, ahora, después de haberme dado cuenta del sentimiento, noto que las sensaciones de la garganta empiezan a aligerarse y que todo vuelve a fluir más libremente. Me planteo qué acción puedo emprender. Y se me ocurre algo: enviarle mi amor y mi cariño a través de las ondas aéreas. Cierro los ojos, visualizo su hermoso rostro, y le envío una bendición telepática. Descuelgo el teléfono y llamo a su casa, pero, como no contesta nadie, le dejo un mensaje a ella y a sus padres en el contestador.

Hago una rápida fotografía de mi Sensación Clave. De la cabeza al estómago, siento una deliciosa sensación de bienestar y fluidez.

Es así de simple. Con este espíritu de sencillez, profundicemos algo más en el lenguaje de nuestras sensaciones.

A cada zona le corresponde un sentimiento y una necesidad

Zona 1

La Zona 1 –*la parte superior de la espalda, el cuello y las mandíbulas*– se agarrota siempre que nos enfadamos. Si ocultamos o ignoramos las señales de ira, la Zona 1 da un paso más y empieza a emitir señales de irritación y dolor. Cuando estamos enfadados, *tenemos que volver a la situación de igualdad.* La ira seguirá reciclándose hasta que recobremos la relación de igualdad con lo que esté desencadenándola. Muchas veces, lo que nos provoca el enfado es una situación de injusticia básica; por lo tanto, es esa injusticia la que debe rectificarse. Más adelante, en otra sección del libro, aprenderemos a hacerlo (se tarda menos de diez segundos), pero, por ahora, el mero hecho de saber que la tensión de la Zona 1 está relacionada con la ira, nos da una información de gran utilidad, ya que nos permite saber qué es lo que debemos solucionar.

¿Qué desencadena las sensaciones de la Zona 1? Una de las principales es la intromisión.

La intromisión tiene lugar cuando sentimos que nos invaden o se inmiscuyen en nuestros asuntos. Siempre que alguien viola nuestros límites físicos o morales, sentimos ira. En un primer momento, la parte superior de la espalda se pone en tensión. Es equivalente al mecanismo por el cual el lomo de un perro o un gato empiezan a arquearse, y que nosotros también poseemos. Si observamos a un perro cuando un intruso aparece por su calle, veremos que el pelo que cubre su espina dorsal se eriza y empieza a gruñir y ladrar. No hay duda de que el perro está enfadado, como no la hay de que el desencadenante ha sido la invasión de su territorio. Ahora comparemos esta situación con la reacción del mismo perro cuando el dueño vuelve a casa y descubre que su mascota ha roto la bolsa de basura y esparcido el contenido por todas partes. El perro baja la cabeza y se encoge. En este caso tampoco hay duda alguna. El perro está asustado de la reacción que pueda tener su amo, tiene miedo de que le pegue o le regañe. En este caso, el perro no siente intromisión, sino amenaza, una amenaza que desencadena el miedo. Ya volveremos a este sentimiento más adelante.

Una forma habitual de intrusismo, que se da con frecuencia en nuestro mundo, es la injusticia. Cuando vemos a alguien que se aprovecha de otra persona simplemente porque tiene más poder que aquélla, eso es una injusticia. Y esto hace que se nos pongan los pelos de punta, aunque muchas veces no podamos hacer gran cosa, o al menos no pudiéramos antes de conocer el Milagro en Diez Segundos.

Enfrentarse al intrusismo

Si no nos enfrentamos al intrusismo de manera rápida y eficaz, la tensión sigue ascendiendo hasta alcanzar el cuello, los hombros y las mandíbulas. Y si ignoramos estas sensaciones, no tardaremos en acabar con dolor de cabeza o de espalda. Por el contrario, si respondemos correctamente ante ellas, la espalda y el cuello se relajarán y ensancharán al poco tiempo.

La respuesta correcta ante el intrusismo –lo que hace falta en una situación así– es *restablecer la igualdad* con la otra persona o personas. Como ya he dicho, más adelante os diré cómo hacerlo y, cuando haya terminado, tendréis un enfoque nuevo y sorprendente para abordar algo que si no se ataja, causa estragos en la vida.

Algo en qué pensar

Pensemos en las veces en que una persona normal se enfrenta al día a situaciones en las que sus fronteras físicas o morales se ven violadas. Pensemos en las pocas enseñanzas que recibimos para enfrentarnos a este tipo de situaciones, las pocas técnicas, como el Milagro en Diez Segundos, que aprendemos, y en la cantidad de gente que padece dolores de cabeza (25 millones, aproximadamente, sólo en Estados Unidos).

Por lo tanto, merece la pena convertirse en un agudo observador de esas pequeñas sensaciones en la parte superior de la espalda que nos dicen que estamos enfadados.

Zona 2

La garganta y el pecho se agarrotan para decirnos que sentimos tristeza y anhelo. La constricción puede ir desde una ligera sensación de ensanchamiento, cuando alguien hiere nuestros sentimientos, hasta un gran nudo en la garganta en el caso de que nos enfrentemos a una profunda pérdida. Hay mucha gente que piensa que llorar es una señal de tristeza, pero antes de que las lágrimas asomen a nuestros ojos, ya notamos cómo la garganta se va agarrotando.

El desencadenante de la tristeza es la *pérdida*. Cuando estamos tristes, nuestro cuerpo siente la pérdida de algo que nos parece importante. El mensaje es el siguiente: baja el ritmo y presta atención... hay algo que quieres decir, hay algún sonido que tiene que salir por tu garganta. Puede ser llanto, o la frase «no quiero que te marches». El agarrotamiento es la señal de que debemos decir algo que restaure el flujo de bienestar en la garganta.

En nuestra vida experimentamos muchas pérdidas, y algunas de ellas son de gran alcance. De todas ellas, la de un ser querido, por fallecimiento o separación, es la más profunda. Pero hay otras que también nos afectan gravemente:

Una promesa incumplida sobre algo muy sentido.

La pérdida de respeto hacia alguien a quien amamos.

La pérdida de una posible fuente de plenitud creativa

(los críticos «destrozan» nuestra obra de teatro; nos rompemos la pierna y no podemos ir a esquiar).

La pérdida de aprobación por parte de alguien que es importante en nuestra vida.

Todas estas pérdidas, y algunas más, pasan por nuestra vida con más frecuencia de la que tal vez nos damos cuenta. Nuestro cuerpo las registra, independientemente de que nuestra mente haga lo mismo. De hecho, lo importante no es llorar en el momento –puede que estemos en medio de una reunión, o en el cine, cuando sentimos la necesidad de hacerlo–, sino reconocer (eso es lo imprescindible) esa necesidad, aunque no lleguemos a expresarla, para poder mantener abierto el flujo de energía de la garganta.

Lo que hay que hacer siempre que nos sentimos tristes es *participar de la realidad de la pérdida* hasta que sintamos la liberación física de la aceptación, ya que cuando no permitimos que nuestro cuerpo participe de la realidad, sentimos una permanente sensación de desconsuelo. La tristeza se libera cuando nos enfrentamos directamente a la realidad y nos sentimos en armonía con ella.

Lo que necesitamos hacer en el momento en que sentimos el anhelo es *participar de ese sentimiento hasta que sepamos qué es lo que de verdad anhelamos.*

Una mujer vino a mi consulta y me dijo que sentía una inmensa presión en el pecho. La tenía desde que murió su esposo, hace dos años. Estaba preocupada por su salud, y con toda la razón. Cuando arrastramos la tristeza durante mucho tiempo, empieza a infiltrarse en nuestros órganos, en nuestro sistema inmunitario y en nuestro corazón.

Entonces, yo la invité a dar el Paso Clave. Y así lo hizo: posó su conciencia en la presión del pecho unos segundos, y de repente le entró un ataque de tos. Volvimos a fijarnos en la presión, pero tras unos segundos se dispersó; entonces se dio cuenta de que estaba aguantando la respiración y de que se había puesto a pensar en algo que no tenía nada que ver con el asunto por el que había acudido a mí. Volvimos al Paso Clave, y finalmente, consiguió fijarse en la sensación durante tres ciclos respiratorios completos.

–No he sido capaz de aceptar que he perdido a mi mejor amigo –me dijo de repente. Yo esperé un instante, y luego le pregunté si había algo más. Ella asintió con la cabeza–: Estoy convencida de que nunca, mientras viva, volveré a tener otro amigo.

Mientras me decía estas palabras, empezó a llorar, y el llanto duró unos minutos.

–Sientes una gran añoranza por esa conexión que tenías –le dije.

Ella asintió entre lágrimas, y después de un minuto, aproximadamente, dejó de llorar y respiró hondo. Cuando volvió a dar el Paso Clave, la presión había remitido.

Analicemos con detalle lo que le había ocurrido. Se había rendido («Nunca volveré a tener otro amigo...») porque no había llegado a aceptar plenamente su tristeza y no había participado de ella. Cuando sintió de verdad la tristeza, la presión empezó a derretirse. Creo que la presión se habría mantenido hasta que hubiera participado de la realidad de la pérdida, fuera lo que fuera lo que hubiera tardado en admitirla. Pero, con apoyo y asesoramiento, sólo tardó diez segundos a partir del momento en que fue capaz de centrar la conciencia lo suficiente.

Detengámonos ahora en el otro sentimiento básico de

la Zona 2. *Esa sensación de opresión en el pecho es el sentimiento del anhelo.* Cuando sentimos que el pecho se abre y se libera es porque nuestro anhelo se ha visto satisfecho. El anhelo es la falta de unión con lo que nuestro corazón desea. Podemos anhelar a una persona, o un estado de conciencia, como la conexión con Dios. Casi todos nosotros también anhelamos alcanzar la plenitud de nuestro destino creativo: escribir un libro, construir una casa o dar forma a lo que vive en potencia en nuestro interior. Pero como es tanto lo que anhelamos y tan poco lo que tenemos para completar nuestro destino, muchos de nosotros vivimos atrapados en un constante anhelar.

Cuando estamos en comunión con lo que anhelamos —en los brazos de la persona amada, escribiendo un poema al amanecer—, las garras del anhelo se abren y la corriente del amor fluye por nosotros. Cuando abrimos los puños, nos sentimos en el cielo, y cuando los cerramos hasta que los nudillos se vuelvan blancos, en el infierno.

Por eso, en el instante en que sintamos el anhelo, tenemos que actuar para conseguir la comunión. Y eso es justamente lo que se expone en el capítulo dedicado al Segundo Milagro.

Zona 3

La sensación de inquietud y malestar en el estómago nos dice que estamos asustados. A veces es como si tuviéramos mariposas revoloteándonos en la barriga, aunque en otras parece más bien un bloque de hielo. El miedo prepara el cuerpo para la acción, por eso tenemos una sensación de rapidez. Sentimos malestar e inquietud en esa zona porque la digestión queda interrumpida. Hace ya mucho tiempo que nuestro viejo amigo aprendió que no es posible digerir los alimentos y enfrentarse a la vez a las amenazas de los predadores. Y ese mismo amigo es el que frena la digestión cuando estamos asustados.

Antes, los miedos siempre eran amenazas físicas. Nuestros ancestros, que vivían en las copas de los árboles, desarrollaron un gran miedo a caerse, y ese miedo ha permanecido en nosotros hasta la actualidad. También se sentían amenazados por predadores que eran mucho más grandes que ellos. Sobrevivieron gracias a su buena suerte y a su habilidad para lanzar piedras y palos afilados. Hoy, la mayor parte de nuestras amenazas no tienen garras ni colmillos. Las cosas que en la actualidad nos asustan suelen venir de la sociedad: la crítica, la humillación, la vergüenza, el rechazo. Pero aun así, en muchas ocasiones, los miedos modernos son bastante más intensos que cualquier amenaza de tipo físico. Recuerdo que trabajé con un hombre que había tenido que dirigir muchas misiones bélicas en campo enemigo. Me decía que nada de lo que vivió en la guerra le daba tanto miedo como pensar en la ira de su esposa cuando le confesara una aventura extraconyugal.

Resulta un poco irónico que un militar lleno de condecoraciones –alguien que ha matado con sus propias manos a otras personas– se acobarde a la hora de transmitirle una simple frase a su esposa. Pero ¿cómo podía matar enemigos y no atreverse a decir «te he engañado»? La respuesta nos lleva a la raíz de lo que nos da miedo. Matar a un enemigo en plena guerra no supone contradicción alguna. La contradicción no se le plantea al soldado, porque lo hace en nombre de la patria, de Dios, del hogar, de la bandera. Pero una aventura fuera del matrimonio es algo distinto. En este caso, mi paciente no era capaz de asumir las contradicciones que había generado con su comportamiento:

¿Cómo he podido yo, que voto a los conservadores y defiendo los valores familiares, hacer algo que me ha expuesto a la vergüenza a los ojos de mi familia?

¿Cómo he sido capaz yo, que castigo a mis hijos cuando dicen mentiras, vivir en una gran mentira?

¿Cómo es posible que desee mantener una vida estable con mi maravillosa mujer, que enseña religión en la escuela, y, al mismo tiempo, pierda la cabeza por acostarme con una camarera de 27 años, que lleva un tatuaje que dice «achuchémonos»?

Es una contradicción.

El miedo se revuelve en nuestro cuerpo cuando no somos capaces de asumir una contradicción. Los mayores miedos modernos —los que nos hacen no sólo revolvernos, sino hasta temblar y quedar agarrotados— vienen de enormes contradicciones que no sabemos resolver.

¿Cómo puedo yo, que soy capaz de considerar la idea del infinito, vivir a la vez en un cuerpo finito que, según todas las evidencias, va a morir?

¿Cómo puede alguien que me quiere, y que me lleva a jugar al parque, emborracharse y pegarme?

¿Cómo puede Dios, que se supone es benigno y omnipotente, permitir tanto sufrimiento?

¿Cómo puede alguien a quien yo quiero tanto no quererme a mí?

Vivimos en las garras del miedo hasta que hacemos un espacio en nuestro cuerpo para dar cabida a este tipo de contradicciones. De lo contrario, nuestro cuerpo nos envía una señal que se traduce en exceso de velocidad. Todo se acelera, en algunas ocasiones un poco, en otras mucho, y en vez de digerir la comida empezamos a digerirnos a nosotros mismos.

La reacción correcta frente al miedo es ponerse a salvo. Esto se consigue eliminando la amenaza, resolviendo la contradicción, o haciendo de nosotros mismos una zona de seguridad. Más adelante volveremos sobre este punto.

Resumen de las Tres Zonas

Cuando la espalda, el cuello y los hombros se ponen tensos, nuestro cuerpo nos dice que estamos enfadados. No importa que la mente nos diga que enfadarse en estos momentos no es lo adecuado. Quizá, después, puedas conseguir que tu mente le transmita a tu cuerpo algún sabio consejo que pueda evitar enfados futuros. Pero en este momento, la espalda, el cuello y los hombros están como están y hay que volver a una situación de igualdad.

Cuando la garganta está agarrotada, es que estamos tristes. Hemos experimentado alguna pérdida. Tenemos que recuperar la armonía con el estado de las cosas. Armonizar con la realidad proporciona la energía necesaria para seguir adelante.

Si es el pecho el que está tenso, es que anhelamos algo, y debemos emprender acciones que nos conduzcan a la comunión con ese algo que anhelamos.

Y si nos sentimos acelerados, alterados, nerviosos, es que estamos asustados, es que hay una amenaza, que también puede ser física, aunque no sea lo más habitual.

Cuando nos sentimos amenazados, tenemos miedo de que nos hieran. Por eso debemos eliminar la amenaza, o la contradicción sobre la que se fundamente nuestro miedo. Pero nada de todo esto es difícil, ya que puede hacerse en diez segundos, como máximo. Lo difícil es conseguir que la mente se centre durante el tiempo suficiente para poder hacerlo. El territorio es desconocido y nosotros vamos muy rápido. Por eso resulta útil contar con un libro que nos sirva de guía.

Todas y cada una de estas sensaciones básicas nos dicen que *hay que actuar de una manera concreta en cada caso*. Las acciones que vamos a emprender son sencillas y claras; de hecho ya nos las deberían haber enseñado en el jardín de infancia. Pero nadie lo hizo, así que vamos a trabajarlas en el siguiente capítulo. Pero antes de continuar, recorramos rápidamente el Paso Clave. En esta ocasión, le añadiremos al final una nueva instrucción. Merece la pena dedicarle un minuto, porque lo vamos a utilizar con frecuencia en nuestro trabajo conjunto.

Juntar todas las piezas

Ahora vamos a darle el toque final al Paso Clave. Quiero que centres la conciencia en tus sensaciones, el tiempo suficiente como para sentir el «florecimiento de la corriente», como dijo de una manera tan poética una de mis pacientes. Al centrar toda tu atención, con absoluta inocencia, en cualquier sensación, notarás que en ella y a su alrededor nace una sensación dulce y fluida. Es realmente como si algo agradable hubiera «florecido» ahí. Es una buena señal, ya que nos permite saber que estamos accediendo a la Zona Milagrosa.

¿Listos? Vamos allá.

Haz la «fotografía sensorial» desde la cabeza al estómago y fíjate si las sensaciones generales son de fluidez y bienestar o no. Si te sientes bien, sigue con lo que estabas haciendo. De lo contrario, presta atención, sin emitir juicios, a las zonas básicas –la parte superior de la espalda, el cuello, la garganta, el pecho, y el estómago– durante diez segundos, como si estuvieras «escuchándolas» con tu conciencia interna. Siéntelas y escúchalas con calma, con generosidad, durante diez segundos seguidos. A medida que vayas revisando las tres zonas básicas –parte superior de la espalda, cuello, garganta y estómago– fíjate en qué punto la sensación de fluidez se ve más bloqueada. Presta atención a las sensaciones bloqueadas el tiempo suficiente como para sentir una sensación de apertura y espacio que aparece alrededor y por debajo de las sensaciones de bloqueo. Normalmente, la mayoría de la gente tarda unos diez segundos en captar esa sensación de fluidez y apertura. Procura ser generoso contigo mismo...; permanece en contacto con las sensaciones hasta que sientas la apertura espaciosa alrededor y debajo de ellas.

El primer Paso Milagroso consiste en centrar la atención en las zonas básicas durante unos segundos, sin hacer nada más. Muchas veces no hace falta hacer nada más. Pero en otras, tendremos que combinar el Paso Clave con el Paso Clave de la Relación, cosa que vamos a explicar en un apartado del capítulo dedicado al Segundo Milagro. Ahora bien, lo más normal es que el Paso Clave nos conduzca por sí solo a la Zona Milagrosa. A pesar de su simplicidad, el Paso Milagroso tiene un inmenso poder. Veamos por qué.

Por qué el Paso Milagroso produce milagros

Nuestros problemas empiezan cuando nos escindimos, cuando separamos la mente del cuerpo. Y empiezan a solucionarse a partir del momento en que volvemos a situarnos en la realidad y ponemos la mente en armonía con el cuerpo. Las sensaciones orgánicas de nuestro cuerpo son el mejor aviso para empezar a hacerlo. No es fácil discutir con ellas. A veces no somos capaces de determinar si estamos tristes o enfadados, pero casi siempre sabemos si tenemos el estómago agarrotado o no. En cuanto centramos la atención en cosas que no son opinables, nos mantenemos en armonía con nosotros mismos.

Desde pequeños nos lavan el cerebro con frecuencia para que ignoremos nuestras sensaciones corporales. Nos bombardean cada día con el mensaje: «No sientas lo que sientes... no quieras lo que quieres». Como consecuencia, lo que hacemos es emplear nuestra poderosa mente para distanciarnos del cuerpo. Y normalmente, cuanto más poderosa es nuestra mente, mayor es el abismo que la separa del cuerpo. He tenido la ocasión de trabajar con escritores y pensadores de renombre, que estaban absolutamente desconectados de sus cuerpos. Ahora bien, cuanto mayor es ese abismo, más espectacular es el momento maravilloso de la reunificación. En este sentido, yo he presenciado algunos de estos momentos con placer (como la sonrisa que un famoso experto en relaciones personales esbozó cuando finalmente pudo *sentir* sus sentimientos, valga la redundancia, en lugar de limitarse a filosofar sobre ellos).

A partir del instante en que abandonamos la realidad de nuestros sentimientos y sensaciones, nos perdemos en los laberintos y los callejones sin salida de nuestras creencias, opiniones y autoengaños. La manera más rápida de restablecer el contacto con la realidad es centrar la atención, libre de juicios, en las sensaciones de nuestro cuerpo. Hacerlo nos envía de regreso a casa.

Enfocar la conciencia sobre la realidad de los sentimientos y sensaciones nos pone por completo en armonía con lo que sucede realmente. Entrando en contacto con lo que es, obtenemos un regalo que no tiene precio: estar en armonía con la fuente de la creación del universo. Nos ponemos exactamente en la misma tesitura que el roble, que las olas del mar, que el movimiento de los planetas. Casi nadie discute con las olas del mar. Desde el Renacimiento, tampoco nadie rebate el movimiento de los planetas. Todos nos limitamos a apreciar el poder de las fuerzas de la naturaleza. Por eso, cuando nos situamos en la realidad de nuestras sensaciones corporales, nos alineamos con esas mismas fuerzas.

Nuestro primer gran error es rebatir lo que está dentro de nosotros. El cuerpo nos grita «estoy enfadado» y la mente le pide insistentemente que se «calle». El cuerpo dice «estoy dolido» y la mente le contesta «no tienes derecho a estarlo». Es como si condujéramos con un pie en el acelerador y el otro en el freno. No es de extrañar que el coche chirríe, se resienta y acabe estropeándose.

Nuestro segundo gran error es discutir la realidad de lo que es en las demás personas. Ellas nos gritan «estoy dolida» (con palabras o sin ellas) y nosotros les respondemos «no tienes derecho a estarlo». Tanto en nuestro interior como en nuestra relación con los demás, discutir con la realidad genera dolor. De la misma manera que nuestros oídos se resienten cuando escuchamos alguna música discordante, a nuestro cuerpo le duele que no estemos en armonía con nosotros mismos o con los demás. El Paso Clave resuelve el problema: a partir del momento en que centramos nuestra conciencia en la realidad de nuestras sensaciones, curamos el dolor y nos armonizamos con nosotros mismos. La vida fluye, dentro y fuera, y el mundo vuelve a tener sentido.

Me gustaría compartir con mis lectores un ejemplo de gran fortaleza, protagonizado por una mujer joven que se apuntó hace poco a una de las clases de una semana de duración que impartimos en el instituto:

Estaba en la oficina, tenía el día muy ocupado y todavía me faltaba hacer muchas cosas, pero hacia las 11.30 me di cuenta de que se estaba produciendo un cambio en mi cuerpo, una sensación de desagrado. Se me ocurrió que podría usar el Milagro en Diez Segundos que habíamos aprendido en clase. A medida que fui revisando mentalmente mi cuerpo, me fijé en la gran cantidad de tensión acumulada que tenía desde la nariz hasta el pecho. Tan pronto como sintonicé con esta sensación, me di cuenta de que me había estado sintiendo así desde hacía dos meses. No sé por qué, pero no le había dado importancia hasta aquel momento.

Me metí en una habitación vacía que hay en la oficina para poder centrarme en ella durante diez segundos. De pronto, me vino un recuerdo que me indicaba que aquello tenía que ver con que de pequeña me dijeran que no fuera una «llorona». De niña había aprendido a aguantarme las ganas de llorar cerrando con fuerza los ojos y aguantando la respiración, para no disgustar a mi madre. Me dejé llevar y sentí toda la tristeza que había estado aguantando desde que era niña. Lo más raro fue que, una vez liberada, empecé a notar que algo se movía y experimenté una oleada de felicidad en el pecho. Me vino a la mente la imagen de una bandada de palomas que revoloteaban libres dentro de mi pecho. Fue algo maravilloso.

Y entonces, sucedió otra cosa extraordinaria. Me di cuenta de que lo que había desencadenado todo aquello fue el hecho de que mi novio no se hubiera presentado para traerme una cosa. Me percaté de que siempre estaba esperando «pruebas» que demostraran que la gente no me quería, intentando rellenar un vacío dentro de mí que no podía ser amado. Decidí ser la fuente de mi propio amor. Me quedé allí, de pie, y me amé a mí misma durante diez segundos. Me sentí muy bien, mejor que nunca.

Resumen

El primer Paso Milagroso consiste en una instrucción muy simple: emplear la conciencia para centrarse en las sensaciones naturales de las zonas básicas. Y es importante que se mantenga así, ya que si lo complicamos, veremos que no funciona.

Es como usar una cámara fotográfica elemental: enfocas la sensación y presionas el botón: ¿la sensación es fluida o no?

Si lo es, perfecto. Vas por el buen camino.

De lo contrario, enfoca y dispara otra vez. Ah, es el estómago, que está agarrotado y se agita. Debe temer algún tipo de amenaza. «Mmm, sí, tengo miedo de que Pat me rechace si le pido que salga conmigo.»

Una «fotografía sensorial» rápida nos dice exactamente lo que necesitamos saber. Luego, podemos sentir nuestro miedo al rechazo respirando hondo un par de veces hasta que volvamos a sentir el restablecimiento del flujo. O, simplemente, levantar el auricular del teléfono y llamar. No tenemos nada que perder. Lo peor que puede pasar es que Pat nos rechace. Eso despertará algo de miedo en nosotros, o tal vez tristeza o anhelo, quizás enfado. Pero con el Paso Clave no estamos más que a unos pocos segundos de volver a sentir la corriente de nuevo. En realidad, es un milagro.

Ahora que ya sabes abrirte a la Zona Milagrosa, ¿estás dispuesto a aplicar esos conocimientos a la «zona de riesgo» de las relaciones con los demás? Primero deberás practicar, pero en algún momento tendrás que salir al exterior y dar los pasos allí donde es más importante, es decir, en las situaciones en las que estamos con la gente que nos importa. Sentir el flujo de las buenas sensaciones físicas está muy bien, pero sentirlo con las personas queridas, e incluso con los innumerables contactos que establecemos en las relaciones laborales, es llegar a encontrar los momentos más sublimes de la vida.

EL PRIMER MILAGRO EN ACCIÓN

Apliquemos lo que acabamos de aprender al mundo real de las relaciones. El siguiente ejemplo está sacado directamente de la vida real. Veamos si nos suena...

La Ventana de los Diez Segundos

Cuando nuestra pareja nos dice: «Esta noche me quedaré a trabajar hasta tarde», experimentamos una ligera sensación de incomodidad. Se trata de una sensación rara en el estómago, pero no sabemos cómo llamarla. Según la vieja costumbre, podemos optar por ignorarla. Pero acabamos de aprender una manera totalmente nueva de afrontar estos momentos, así que lo que haremos es prestar atención a las señales que nos envía el cuerpo.

A los diez segundos de percibir la sensación, la captamos y nos damos cuenta de que se encuentra en la zona de miedo. Estamos asustados por algo.

En lugar de guardárnoslo para nuestros adentros, decimos algo sobre las sensaciones que estamos experimentando. Transmitimos el descubrimiento que acabamos de hacer, y lo hacemos sin sentirnos culpables. Lo expresamos sin complicaciones:

«Cuando me has dicho eso, he notado una sensación rara en el estómago. Me pregunto qué será.»

Entonces, aguardamos la respuesta de nuestra pareja. Si se pone a la defensiva, CUIDADO. La gente que responde de esa manera a afirmaciones basadas en verdades no es segura, y no lo será hasta que demuestre que se ha abierto a ellas.

En este caso concreto, la otra persona se pone a la defensiva.

TÚ: Noto una sensación rara...

TU PAREJA: No sé por qué estás tan susceptible. ¿Es que no puedes aceptar las cosas como son?

Aquí tienes otros ejemplos de respuestas a la defensiva:

Tu pareja te mira con desprecio, se da media vuelta y se va.
O bien:
Tu pareja se justifica y te dice: «Sabes tan bien como yo que odio mi trabajo y que ya lo habría dejado si no estuviéramos tan endeudados».

Desconfía de cualquier respuesta a la defensiva, ya que indica que hay algo más que tampoco va bien.

Ante una respuesta a la defensiva, nos damos cuenta de que nuestra zona de enfado se pone en acción. El cuello y los hombros se tensan.

El primer milagro: qué hacer

TÚ (dices): Ahora me estoy poniendo en tensión.

TU PAREJA (contesta tras una pausa): Ya veo lo que estoy haciendo. Me estoy poniendo a la defensiva. Empecemos de nuevo. Me siento culpable por todo el tiempo que paso en la oficina. Y, además, estoy asustado porque tengo miedo de que tú adoptes cada vez una actitud más crítica.

TÚ: Ya te entiendo. Me siento frustrada porque a Jimmy le encanta pasar un rato contigo antes de cenar. Y los días que llegas tarde, él ya está cansado. No me gusta ver su expresión de decepción cuando no vienes a cenar.

Ahora los dos estáis en pie de igualdad. Estáis al margen de la actitud defensiva y os comunicáis como iguales, y es aquí donde ocurren los milagros en las relaciones personales.

Echemos un vistazo a un ejemplo real que viví en una primera sesión de trabajo con una mujer muy activa de 40 años, que había montado su propia empresa de publicidad. Renny llevaba años sufriendo dolores de cabeza crónicos y acudía a mí, además, por algunos problemas de relación. Su esposo había rehusado asistir a la sesión. La siguiente conversación tuvo lugar unos veinte minutos después de empezar. Los momentos en los que interviene el Milagro en Diez Segundos los he puesto en cursiva:

YO: Noto una gran tensión en tu frente.

RENNY: Tengo un dolor de cabeza muy fuerte.

YO: *Concentra tu atención en las sensaciones exactas.*

RENNY: Un poco por encima de la ceja derecha, es ahí donde se concentra la mayor parte del dolor.

YO: Limítate a sentir esa zona... *posa tu atención acrítica en ella durante diez segundos.*

RENNY (lo hace durante diez segundos): ... Ahora se desvanece.

YO: ¿Qué sientes ahora en esa zona?

RENNY: Es como la sensación de un caudal que fluye.

YO: ¿Es agradable?

RENNY: Sí, sin duda mejor que antes. Pero aún noto algo así como la sombra del dolor de cabeza.

YO: Piensa en el día que has tenido. Piensa en si has dejado de transmitir alguna *«Comunicación Instantánea»*. Cosas que te hayas callado en vez de decirlas.

RENNY: Lo primero que me viene a la cabeza es algo relacionado con nuestro cliente más importante.

YO: Piensa en la situación y dime qué parte del cuerpo se te agarrota.

RENNY: Los hombros y el cuello.

YO: Esta es la zona del enfado.

RENNY: Sí, supongo que *estoy enfadada*.

YO: ¿Cuál sería la *Comunicación Instantánea* más simple que te permitiría expresar lo que sientes?

RENNY: *Estoy muy enfadada por tener que ir hasta Chicago para asistir a una reunión de dos horas el sábado. Y ahora me doy cuenta de que también estoy enfadada porque Ted no ha venido conmigo a la sesión.*

YO: *Dedica diez segundos ahora mismo a sentir, simplemente, el enfado, sin juzgarlo.*

RENNY (pasados los diez segundos): Vale. Ahora está bien. Ya se ha ido.

Una de las cosas que más destaca en el caso de Renny es que no se ponía a la defensiva. Cada vez que una ventana de diez segundos se abría ante ella, la aprovechaba. Por ejemplo, cuando la invité a prestar atención a los síntomas del dolor de cabeza, lo hizo de inmediato sin oponer ninguna resistencia. Supe al momento que la vida de Renny iba a experimentar cambios muy rápidos, y así fue. Regresó a casa y le contó a su marido que había conseguido hacer desaparecer el dolor de cabeza. El lunes siguiente, él se saltó su tradicional partido de fútbol de los lunes y acudió a la sesión. Para ella, aquello fue un milagro y, después de haber conocido al marido, me inclino a darle la razón.

El segundo milagro: qué decir

*La comunicación que en diez segundos
inicia la corriente de conexión
en las relaciones personales*

En el capítulo anterior has aprendido a tener acceso a la Zona Milagrosa cuando lo desees. Has descubierto que nunca estás a más de un suspiro de crear puntos de inflexión en tu vida, y que puedes centrar la conciencia en los sentimientos naturales y en las sensaciones corporales para generar un campo abonado de milagros en tu interior. Todas estas cosas milagrosas tienen lugar por debajo de la piel, y es ahí donde nacen los milagros. Ahora, lo que tienes que aprender es a ampliar esa Zona Milagrosa hasta el ámbito de tus relaciones. Tienes que aprender a crear milagros momento a momento en tus relaciones con los demás.

Ahora empieza la tarea.

Abrir la Zona Milagrosa en las relaciones

Vamos a ver que el Paso Clave que empezamos a aprender en el capítulo anterior es fundamental en nuestras relaciones con los demás. Si añadimos otro Paso Milagroso al Paso Clave que ya conocemos, se formará a nuestro alrededor un círculo de milagros que nos acompañará adonde vayamos.

El Paso Clave de la Relación

Diez segundos dan bastante más de sí de lo que mucha gente cree. Y no es sólo porque en diez segundos se puedan decir muchas cosas, sino porque puede decirse todo lo que hay que decir. De hecho, si tardamos más de diez segundos en decir algo importante, seguramente es que estamos añadiendo alguna cosa, dando una explicación o justificándonos. Las informaciones relevantes en las relaciones no tienen por qué explicarse, y por supuesto no tienen que justificarse. Simplemente, hay que expresarlas clara y limpiamente. Para ayudaros en este punto, os ofrezco...

La segunda Regla Milagrosa: *Toda comunicación realmente importante en una relación se puede transmitir sin tener que volver a tomar aire para respirar. Los milagros en las relaciones se generan cuando hacemos Comunicaciones Instantáneas, de un soplo, y son irrebatibles y no acusan a nadie.* Cuando decimos alguna verdad fundamental sobre cualquier asunto al que nos enfrentamos, damos un paso hacia su resolución. En diez segundos veremos los resultados positivos.

He presenciado cambios en la vida de muchas personas, cambios que se produjeron simplemente al decir algo. A veces se trataba de afirmaciones con un alto contenido emocional, como: «Te he sido infiel». Otras, de transmitir serenamente alguna decisión, como «He decidido que voy a operarme». Pero siempre era algo instantáneo, que se podía decir de un soplo.

Regresemos de nuevo a mi consulta para sentir el poder de este tipo de manifestaciones al que llamaremos *Comunicaciones Instantáneas*. Fijémonos en lo simple, casi trivial, de las informaciones que se destacan en cursiva, y en cómo, a pesar de eso, para esta pareja, fue éste el momento en que inició su proceso de curación:

Se colaron en mi consulta furtivamente, con los rostros ocultos tras sendas gafas oscuras y sombreros de alas caídas. Las revistas y los periódicos sensacionalistas habían seguido su romance y su boda, y ahora, en esos mismos medios, circulaban rumores de crisis matrimonial. Debido a lo apretado de nuestros respectivos horarios, sólo disponíamos de cuatro horas para llegar al fondo del asunto. La primera hora fue muy pesada; me sentí como un soldado abriéndome paso por un campo minado de resistencia y egos airados. Finalmente, durante la segunda hora, accedimos a un momento de verdad.

YO: Parece que queda algo pendiente en la trastienda. Algo que hay que decir. No sé lo que es, pero lo siento, como si nos estuviera persiguiendo. ¿Me entendéis?

ELLA: Sí. Lleva mucho tiempo ahí.

ÉL: Hmm. (Tiene los brazos cruzados contra el pecho, y la expresión de su rostro es de desaprobación.)

YO (a él): Veo que tienes los brazos cruzados y que tienes una expresión como de crítica en el rostro. ¿Qué pasa?

ÉL: Bueno, mmm, eh...

YO: ¿Qué es lo que pasa?

ÉL: De acuerdo. Ya no estoy comprometido con esta relación. Es como si ya me hubiera marchado.

YO: Bueno, es un punto de arranque, pero no se trata de una verdad irrebatible. Estás aquí, aunque en espíritu estés en alguna otra parte. ¿Cuál es la verdad, la verdad auténtica?

ÉL (confundido, mirando de un lado al otro): Tengo miedo.

YO: Tienes miedo. (Por el rabillo del ojo, me doy cuenta de que ella ha dejado su actitud reservada y le mira fijamente.)

ÉL (a ella): Tengo miedo de que me devores, tengo miedo de ser aniquilado por ti.

Este fue el Milagro en Diez Segundos de la pareja. A partir del momento en que él dijo aquello, ambos se relajaron considerablemente. Durante la hora que siguió, el diálogo adquirió una naturalidad sorprendente. Resultó que los dos compartían exactamente el mismo temor. Dos meses después de haber iniciado la relación, se asustaron porque creían que no iban a ser capaces de soportar el ego del otro, y se refugiaron en su miedo hasta tal punto que se vieron desbordados por él. Parapetados detrás de la pantalla de aquel miedo no expresado, llevaban meses lanzándose piedras mutuamente. Incluso habían involucrado a sus respectivos *managers* en su batalla particular, y éstos, que trabajaban para diferentes compañías, reprodujeron el conflicto en el plano mundano de los contratos y las cuentas corrientes. Y todo porque dos niños —niños de 40 años con cuentas bancarias millonarias— tenían miedo de afrontar sus propios demonios interiores.

Afortunadamente para ellos, consiguieron dar la vuelta a su relación. Aquella confesión de él, que no duró más de diez segundos, fue el punto de inflexión. Ante la probable decepción de los periódicos sensacionalistas, limaron sus diferencias y consiguieron llevar la relación a otro nivel. Desde entonces sólo los he visto en actos sociales, pero el milagro parece mantenerse en buena forma.

Ponerse en marcha

Para poder captar el poder de las comunicaciones más sencillas, quiero que ahora mismo te detengas a averiguar cuánto duran diez segundos. Coge un reloj con segundero, y mientras observas el movimiento de la manecilla, cuenta en voz alta lo más rápido que puedas para ver hasta qué número puedes llegar.

Yo acabo de hacer el experimento, y he contado hasta 34. Kathlyn ha asomado la cabeza por la puerta para ver qué estaba haciendo y le he pedido que lo probara también. Ha llegado a 36.

Ahora, averigüemos cuántas cosas se pueden decir de un soplo. Voy a aspirar profundamente y a decir lo más rápido que pueda la frase *El patio de mi casa,* tantas veces como pueda sin volver a tomar aire. Contaré las veces que lo digo antes de que se me acabe el aire. Hazlo tu también; luego ya te explicaré cuál es la importancia de este experimento.

Lo he dicho doce veces; Kathlyn, diecisiete. ¿Y tú?

No importa si han sido cinco o veinticinco veces, lo esencial, y supongo que estarás de acuerdo conmigo, es que se pueden decir muchas cosas de un solo soplo. Mis colegas y yo hemos analizado muchas sesiones, y la Regla de los Diez Segundos sirve para todos los casos. Todo lo importante se dice en diez segundos o menos. Si transmitimos la información con ciertas intenciones específicas, los milagros se producirán incluso más rápido. Quiero decir que:

Para crear puntos de inflexión en las relaciones lo único que hay que hacer es *decir algo irrebatible que no incluya ningún tipo de culpabilidad. Los puntos de inflexión más grandes se producen muchas veces justo después de haber comunicado algo irrebatible que a la vez suponga un descubrimiento reciente. Un descubrimiento reciente es cualquier cosa que se nos haya ocurrido en los últimos diez segundos.* Un descubrimiento reciente es algo que hace diez segundos no sabíamos.

Cuando comunicamos verdades breves e irrebatibles, y sobre todo cosas que acabamos de descubrir sobre nosotros mismos, abrimos un campo de milagros que nos acompañará allí adonde vayamos.

En el mundo real

Quiero poner dos ejemplos que ilustran la manera de usar las *Comunicaciones Instantáneas* en el mundo real de las relaciones. Ambos muestran el poder de este tipo de comunicación básica, que va al grano. El primero de ellos me ha sucedido hoy mismo:

YO (a un amigo): ¿Cómo estás?

AMIGO: Bien.

Me doy cuenta de que frunce el ceño, lo que denota preocupación, y tiene la mirada borrosa.

YO: Bueno, tal vez me equivoque, pero a mí no me parece que estés bien. Pareces algo cansado y preocupado.

AMIGO (desconcertado): Oh, gracias por fijarte; lo he dicho por decir. Mi hija ha tenido dolor de estómago y me he pasado toda la noche en vela.

Cuando le he preguntado la primera vez, su respuesta ha sido de cortesía. Luego, cuando le he mencionado la discrepancia entre sus palabras y su aspecto, mi amigo ha optado por una respuesta auténtica. Su primera respuesta –«Bien»– también ha sido una *Comunicación Instantánea*, no hay duda, pero rebatible. Llevaba escrito en la cara que no era cierto. Nuestro cuerpo es muy elocuente a la hora de decir la verdad, y casi todo el mundo la ve, aunque prefiera ignorarla.

Desde el momento en que mi amigo pronuncia aquella *Comunicación Instantánea* irrebatible, los dos accedemos a la zona de intimidad. Los muros se vienen abajo, y estamos en armonía el uno con el otro. Efectuar *Comunicaciones Instantáneas* es el mejor método que conozco para saber quiénes son mis mejores amigos. Todos podemos aplicarlo fácilmente a nuestras vidas.

Cuando le digas a alguien: «Tengo los hombros agarrotados», o «tengo miedo», observa la reacción de la otra persona en los diez segundos siguientes. Al transmitir una *Comunicación Instantánea*, lo que hacemos es tirar abajo el muro y arriesgarnos a la intimidad. Ahora bien, en menos de diez segundos descubriremos si la otra persona desea entrar en nuestra zona de intimidad o no. Si dice:

No seas tonto, no hay nada de que asustarse.
O bien:
Dentro de poco se te pasará.
O bien:
No te quejes, podría ser peor,

no vuelvas a recurrir a esa persona en busca de intimidad. Por lo menos, no hasta que le hayas explicado con detalle lo que esperas de un amigo.

Si la persona dice:
Cuéntame, ¿qué te pasa?
O bien:

¿Puedo ayudarte en algo?
O bien:
Te escucho,

es que esa persona constituye un espacio seguro de intimidad. Puedes recurrir a ella para hablar de tus sentimientos.

He aquí otro ejemplo, más complejo, que ilustra el poder de las *Comunicaciones Instantáneas*, y el coste que se deriva de no ponerlas en práctica. Vayamos hasta una sala de conferencias de Manhattan:

Estoy reunido con los tres máximos ejecutivos de una gran empresa. Llevan semanas bloqueados en un punto muerto, cosa que les ha costado ya millones de dólares. Me han llamado para que intente una «intervención de urgencia» en una tarde. Cuando entro en la sala, no veo más que hombros tensos y miradas de enfado. Durante la primera hora, intento poner en práctica todo tipo de estrategias para conseguir desencallar la situación, pero ellos no hacen más que atrincherarse y no quieren ceder.

Finalmente, con una frustración creciente por mi parte, me levanto y me dirijo a la ventana. Miro hacia abajo, a los cientos de personas que caminan apresuradas por la Quinta Avenida. Respiro hondo unas cuantas veces y recuerdo que debo poner en práctica lo que predico. De pronto se me ocurre que he estado tan obsesionado por «arreglar» su problema, que me he olvidado de dar el Paso Clave dentro de mí. *Dejo de intentar hacer nada con ellos y me limito a sintonizar con las sensaciones de mi cuerpo durante diez segundos.* Aparto de mi mente todos los pensamientos y me quedo de pie, junto a la ventana, respirando hondo, muy despacio, revisando mis sensaciones corporales. Descubro que tengo la espalda tensa, agarrotada, la garganta dolorida, los pulmones como planchas de acero, el estómago encogido de miedo. Detrás, en la mesa de conferencias, la discusión se ha detenido. Probablemente, los ejecutivos se preguntan qué demonios estoy haciendo.

Me vuelvo y doy el Paso Clave de Relación; una Comunicación Instantánea, irrebatible y que no pretende inculpar a nadie. Les digo:

—*Estoy sintonizando conmigo mismo. Tengo la espalda tensa, la garganta dolorida, el pecho agarrotado y hasta me siento asustado. No sé qué hacer.*

Los tres hombres me miran fijamente, parpadean sin parar. Van pasando los segundos, y parecen interminables. Al final, uno de ellos dice:

—Yo llevo así un mes.

Otro emite un gruñido de desprecio, y el tercero en discordia añade:

—Estoy tan frustrado que creo que quiero dejarlo. —Se levanta y se lanza hacia la puerta. Se detiene de repente y da media vuelta—. A ninguno de vosotros os preocupa la empresa, ¿verdad?

Percibo el enfado en su rostro, pero hay algo más. Parece tristeza. Los tres me miran de nuevo, como esperando que diga algo. Tienen derecho a esperar algo así (se han gastado diez mil dólares y un billete de avión en primera clase esa tarde). Pero no se me ocurre nada más que decir, así que me limito a respirar hondo. Sintonizo con mi Sensación Clave y pasan otros diez segundos.

—De acuerdo, de acuerdo —espeta uno de ellos—. ¿Qué tenemos que hacer para salir de esto?

Me vuelvo para mirar al que está de pie junto a la puerta:

—*Frederick, percibo la ira en tu rostro, pero también noto algo que se parece a la tristeza.*

Se queda un momento inmóvil, boquiabierto, y pasados unos instantes, dice:

—*Supongo que sí, que siento tristeza* —asiente con la cabeza–. Sí. Veo en vosotros dos a mis hermanos, y ahora ya nunca podremos solucionar esto. Me extraña esta sorpendente conclusión.

–¿Qué les pasó a tus hermanos? –le pregunto.

–¿A mis hermanos?

–Sí.

–*Bueno, pues que no se hablan. Desde que murieron mis padres no se han vuelto a dirigir la palabra.*

No es de extrañar entonces que no pueda solucionar el conflicto aquí, en la empresa. Su modelo familiar le dice que los conflictos no tienen solución. Cuando le hago notar esto último, asiente con la cabeza, entiende perfectamente lo que le digo. Aprende rápido, como muchos otros altos ejecutivos. No se llega a lo más alto siendo lento. Y entonces me dice:

–De acuerdo, aquello era antes, esto es ahora.

Veinte minutos después, no sólo han solucionado sus diferencias, sino que se están riendo y no dan crédito a lo que acaban de vivir.

Analicemos el episodio. En primer lugar, accedí a la Zona Milagrosa centrando la conciencia en mis sensaciones corporales. Me limité a sentir lo que sentía, y me concedí algunos segundos para reconocer mis sensaciones. A continuación dije una verdad irrebatible, que acababa de descubrir en los diez segundos anteriores. Esto desencadenó que otra persona dijera algo también irrebatible, y los milagros empezaron a desplegarse a partir de ahí.

A eso yo lo llamo el «efecto palomitas». Lo he presenciado cientos, tal vez miles de veces. Pero nunca deja de impresionarme. Sin embargo, siempre hay un grano que tiene que ser el primero en reventar. Por eso os hago a vosotros mis lectores una sugerencia radical, una sugerencia que os servirá para crear una Zona Milagrosa a vuestro alrededor vayáis adonde vayáis. Os sugiero que voluntariamente os prestéis a ser ese primer grano que reviente en las relaciones que merezcan la pena, *que seáis vosotros precisamente los que desencadenéis el «efecto palomitas»*.

¿Por qué? Pues porque el primer grano es el que tiene el poder en las relaciones. Pensemos en quién tiene más poder en las relaciones: ¿la persona que intenta revelar la verdad o la que intenta ocultarla? Recordemos el caso Watergate. ¿Quién tuvo más poder a largo plazo? ¿Richard Nixon o «Garganta Profunda»?* La respuesta es evidente: el poder real está siempre en manos de la persona que es capaz de revelar la verdad. Es mucho mejor ser el iniciador de la verdad que la persona que se ve movida por ese iniciador. El poder que se consigue está bien, pero el beneficio de ser el iniciador de la verdad va mucho más allá de ese poder. Me refiero a la libertad, a la libertad real. Hay una gran libertad en el hecho de estar dispuesto a decir la verdad en un momento clave de la vida. ¿Por qué?

Pues porque los seres humanos nos definimos en relación con nuestra capacidad de asumir la verdad. Si la aceptamos, somos libres; si nos resistimos a ella, podemos pasarnos la vida entera huyendo. No importa que seamos grandes políticos o grandes corredores de fondo, aun así es difícil superar a la verdad. La verdad siempre consigue atraparnos.

Este secreto es lo primero que deberíamos haber aprendido en el parvulario: nuestra vida se conforma a partir de las *Comunicaciones Instantáneas* que hacemos o que no hacemos. Si nos atrevemos a tomar una gran

---

* «Garganta Profunda»: Nombre con el que se conoce a la persona que, confidencialmente, reveló a los periodistas del *Washington Post* las informaciones que condujeron a la dimisión del presidente Richard Nixon tras el escándalo Watergate. Su identidad sigue siendo objeto de controversia. *(N. del T.)*

bocanada de aire y a decir lo que hay que decir, seremos libres. Si aguantamos la respiración y nos tragamos las palabras, tal vez nunca volvamos a tener otra ocasión en la vida. Piensa en la *Comunicación Instantánea* que habría podido cambiar el curso de la vida de O. J. Simpson. O de Richard Nixon. Piensa en todos los momentos de la vida en los que un *sí* o un *no* acertados habrían podido modificar el rumbo de nuestra existencia.

A continuación he incluido una lista de *Comunicaciones Instantáneas* que han cambiado la vida de muchas personas. Fíjate en lo simples y elegantes que son:

«Quiero casarme contigo».
«Ya no te quiero.»
«No quiero salir con nadie que no seas tú.»
«Quiero tener un hijo.»
«No voy a volver a ver a Lynn nunca más.»
«He tenido relaciones sexuales con Sandy.»
«Estoy enfadado, y llevo mucho tiempo enfadado.»
«Te he perdido el respeto.»
«He decidido que no quiero tener hijos.»
«He decidido que, si vuelves a beber, te dejaré.»

Todas estas afirmaciones son irrebatibles y ciertas. Pero cuando no decimos una verdad irrebatible, la vida sólo nos ofrece conflictos, hasta que al final nos decidimos a decir cosas que no se pueden rebatir, y entonces cambia rápidamente. La discusión cesa, dentro y fuera de nosotros.

En un taller de una semana sobre relaciones personales, invité a un grupo de cincuenta personas a quedarse unos minutos en silencio, animándolas a que pensaran en alguna Comunicación Instantánea que sintieran que debían hacer.

Al concluir el período de silencio, pregunté si alguien quería decir al resto del grupo en qué había estado pensado. Entonces un hombre, extranjero, nos explicó, con una voz impregnada de tristeza, que su Comunicación Instantánea se había centrado en su prometida. Nos dijo que nunca había compartido la profundidad de su dolor por una aventura que ella tuvo con otro. Había intentado ser «moderno y civilizado», pero era sólo una fachada. Todavía sentía una opresión en el pecho, aunque ya había transcurrido un año de aquello.

A la hora del descanso, el grupo se dispersó y, cuando la pausa hubo concluido, el hombre regresó a la sala con un aspecto radiante. Nos contó que acaba de llamar a su prometida, que estaba en la otra punta del mundo, y que había iniciado la conversación diciéndole: «Estoy tan triste». Y después de hacer una pausa, porque estaba desbordado de dolor, ella había terminado la frase del siguiente modo: «Estás destrozado por aquella vez que pasé la noche con Paul». Él le contesta que sí y ella responde que, pocos minutos antes de recibir su llamada, había estado pensando precisamente en aquel incidente. Él le transmite su tristeza, y los dos se ponen a llorar. Entonces, ella le dice: «Bueno, yo te quiero y mi corazón está abierto a ti. Si todavía me quieres, yo te ayudaré a recomponer los trozos del tuyo». Según nos dijo, en ese momento se sentía como si «todo el peso del mundo» se le hubiera ido del pecho.

Las verdades más profundas, en particular las del tipo «Tengo una aventura con Sandy», pueden causar un verdadero terremoto a corto plazo. Pero las cintas de vídeo que tengo grabadas demuestran algo fascinante, algo que no me habría creído si me lo hubieran dicho hace veinte años: el dolor que producen las verdades instantáneas casi nunca dura más de diez minutos. Es posible que regrese en oleadas más tarde, pero sólo dura en la medida en que intentamos resistirnos a ellas. Lo más sorprendente de los vídeos es que casi siempre estas verdades se reciben como un alivio. Muchas veces he oído al interlocutor decir cosas como «gracias por decírmelo. Siempre sospeché que había algo, pero no sabía qué podía ser».

En mis treinta años de experiencia, sólo me he encontrado un caso en el que alguien me dijo que habría preferido mantener la mentira en la que había estado viviendo. Se trataba de una mujer que llevaba cinco años manteniendo una relación extraconyugal con un amigo de su marido. La culpa la estaba destrozando, y el asunto había empezado a afectar a su vida familiar y social, porque algunos de sus amigos lo sabían. En nuestras sesiones de terapia, le aconsejé que le dijera la verdad a su marido, pero dejó de venir poco después sin haberle revelado el secreto. Años después, me la encontré en una fiesta y me dijo que al final se lo había confesado, pero que ojalá no lo hubiera hecho. Echaba de menos el dinero y la posición social de los que disfrutaba antes, y no le gustaba nada tener que ganarse la vida con su trabajo. Por una parte, entendía las incomodidades de su nueva situación, pero por otra, me resultaba difícil creerme sus reproches. Se la veía mucho más saludable que cuando acudía a las sesiones de terapia. Le brillaban los ojos, y en su cuerpo había un vigor juvenil que no recordaba de los tiempos de la consulta. Es como si nuestro cuerpo se sintiera tan aliviado de librarse de la losa de la mentira, que fuera capaz de conformarse de buen grado con un considerable nivel de incomodidad.

Por qué no decimos lo que hay que decir

Nuestros problemas de relación suelen venir casi siempre de no decir las cosas que hay que decir. Normalmente, no transmitimos las *Comunicaciones Instantáneas* porque tenemos miedo de dejar sin habla a nuestros interlocutores. Nos da miedo hacerles daño, lo que indirectamente quiere decir que nos da miedo enfrentarnos a su reacción. Sin embargo, si queremos sentirnos completos, es un riesgo que debemos asumir. De mi vida personal y de mi profesión he aprendido que los problemas de relación están causados más por lo que callamos que por lo que decimos. Una vez que tomamos aire y decimos la verdad instantánea, nuestra vida se desenreda milagrosamente.

Veamos un ejemplo.

Mi esposa, la doctora Kathlyn Hendricks, y yo, trabajamos con una pareja, Lori y Michael.

Nada más entrar, Michael y Lori se sentaron cada uno en un extremo del sofá. Hace seis meses que no dormían juntos y, una vez que los tuvimos en la consulta, resultó evidente que estaban pasando por una crisis tan grave como la de muchas otras parejas a las que habíamos tratado. En la cuarta sesión, el hielo comenzó a derretirse un poco. El problema era que él tenía una gran cantidad de rabia inexplorada e inexpresada. Y, como casi toda la gente que está realmente enfadada, utilizaba su enfado para negar que estaba enfadado y para mantener a la gente a distancia. Ella se mostraba pasiva y sufría. Aunque le quería, estaba a punto de romper la relación.

Kathlyn animó a Michael a que dejara de negar y aceptara su enfado. Es el mismo hombre al que su padre, borracho, pegaba, y al que hirieron en la guerra del Vietnam. Estaba profundamente asustado y herido, como si todos sus músculos estuvieran llenos de rabia contenida.

Kathlyn le dijo:

–Deja a un lado todo lo que has estado haciendo, sólo por un momento. Déjalo todo de lado y pregúntate conmigo.

Centra tu atención en algo real que esté pasando en tu cuerpo. –Esto le pilló por sorpresa, y levantó la vista con curiosidad–. Di algo que sea verdad; algo que no se te haya ocurrido antes, algo que no tengas preparado. Di algo que sea verdad y que no suponga atacar o echarle la culpa a Lori. Algo que hayas descubierto en los últimos diez segundos.

Se miró las manos y dijo:

–Me sudan las palmas.

En el vídeo se ve cómo su mujer levanta la vista de pronto, ya que aquel comentario ha captado su atención, y cómo empieza a abandonar su postura a la defensiva en la otra punta del sofá. Acto seguido, él añade:

–No sé por qué siempre estoy tan enfadado.

Al pronunciar estas palabras, su mujer empieza a llorar. Él la mira por primera vez con una expresión de ternura. Y ella le dice:

–Michael, es la primera vez que te oigo hablar así de ti mismo.

Se produce un silencio cargado de electricidad que dura diez segundos. De pronto, él baja la cabeza y se echa a llorar. Resulta que es la primera vez que llora desde que vio morir a un compañero en la guerra.

Michael y Lori volvieron a casa aquel día e hicieron el amor por primera vez en muchos meses. Pero aquello sólo fue el principio. Al cabo de un mes, él cambió de trabajo, se sometió a un tratamiento psiquiátrico que incluía medicación, y empezó los trámites para iniciar sus estudios universitarios. Pasados seis meses, ya hablaban de ser padres, y al año Lori dio a luz a una niña. No hacía mucho que Michael la había amenazado con matarla si se quedaba embarazada. Y ahora sostenía en brazos a su bebé como si fuera su mayor tesoro.

A eso yo lo llamo milagro.

Al mirar el vídeo, uno se da cuenta de que la magia se produjo como resultado de una *Comunicación Instantánea*. Michael supo aprovecharse de los diez segundos en los que su ventana de oportunidad permaneció abierta, en el momento en que Kathlyn le invitó a decir algo verdadero que acabara de descubrir. La explosión de intimidad que siguió fue, creo, el lado positivo de la explosión de rabia que llevaba arrastrando. Con calma, avanzó por el campo minado de su ira y llegó a los brazos abiertos de su esposa, milagro a milagro.

Veamos exactamente cómo se crea este tipo de milagros.

Cada frase que pronunciamos —es decir, cada pensamiento que tenemos— sirve para una de estas dos posibles intenciones:

Intención 1:
Sorprenderse / Descubrir / Aprender / Informar / Conectar.

Intención 2:
Atacar / Defender / Asegurar que tenemos razón / Asegurar que los demás están equivocados / Justificar nuestra posición.

INTENCIÓN 1	INTENCIÓN 2
Informar	Atacar
Descubrir	Tener razón
Aprender	Desdeñar la razón de los demás
Sorprenderse	Defenderse
Explorar	Justificarse

En definitiva, que cada palabra que decimos es para aprender o para atacar. Cada palabra que pronunciamos o es de sorpresa o es de miedo. Si nos detenemos a oír cualquier conversación —en la calle, en el trabajo, en la televisión— veremos que sirve a una de esas dos intenciones. O bien pretende promover la exploración, o bien levanta muros defensivos. O informa o justifica. O persigue el descubrimiento o intenta demostrar que el otro está equivocado. Aprender o atacar; estas dos cosas nos han conducido al punto de la evolución humana en que nos encontramos. Pero, a partir de ahora, es más posible que sea el aprendizaje el que nos garantice la supervivencia como especie. Por propia experiencia sé que el aprendizaje es mucho mejor a la hora de crear relaciones personales basadas en el amor.

Siempre que nos sintamos bloqueados o descentrados, cuanto antes accedamos a la Intención 1 antes restableceremos el equilibrio con nosotros mismos y con los demás. Pero quien se quede atrapado en la Intención 2, no llegará a sentir el flujo del amor y la armonía, sino que se empeñará en tener razón y en demostrar que los demás están equivocados, en ponerse a la defensiva y en justificar su postura.

Gail, la administradora de nuestro instituto, me facilitó un ejemplo clásico de este momento decisivo:

Una tarde que estaba con mi novio, de repente sentí la necesidad de decirle algo importante de mí misma que había descubierto. No obstante, aunque quería decírselo, una parte de mí se resistía. Dejé pasar aquel momento sin decirle nada. Antes de dos horas, ya habíamos tenido una pelea monumental. Volviendo la vista atrás, me doy cuenta de que todo se deterioró después de que optara por no decirle la verdad. Me pasé todo el día siguiente intentando aclarar por qué no se lo había dicho. Al final, llegué a la conclusión de que consideraba más importante tener razón y mantenerlo alejado, que abrirme por completo a él.

En lugar de escapar de la verdad, vayamos a su encuentro.

En mis años de experiencia como consejero, he descubierto que a la mayoría de la gente le encantaría poder decir la verdad, pero no saben qué es eso.

Recordemos el Descubrimiento Clave: *Todo lo que es importante en las relaciones siempre puede decirse en un soplo. Los grandes puntos de inflexión en las relaciones siempre se producen a partir de la comunicación de cosas que acabamos de descubrir, y no de la transmisión de cosas en las que se culpa o se justifica.*

¡Cualquiera de las Comunicaciones de Diez Segundos que se incluyen en el siguiente esquema es capaz de crear puntos de inflexión en las relaciones! Éstos se producirán antes si, a los diez segundos de su descubrimiento, comunicamos cualquiera de las sensaciones que se indican a continuación.

ZONA 1

Sensación: La espalda (o los hombros, o el cuello) se pone tensa.

Sentimiento: Muy probablemente nos sentimos enfadados, frustrados o agraviados.

Lo que necesitamos: Necesitamos restablecer el nivel de igualdad. Tenemos que buscar algo que nos permita conseguirlo.

Un ejemplo de Comunicación Instantánea: «Me siento tenso y frustrado. ¿Qué podemos hacer para trabajar juntos, en equipo?».

ZONA 2

Sensación: Tensión en la garganta o en el pecho.

Sentimiento: Sentimos tristeza, dolor o anhelo por algo.

Necesidad: Necesitamos enfrentarnos a la pérdida, sea cual sea. Necesitamos averiguar qué es lo que anhelamos.

Comunicación Instantánea: «En este momento me siento triste. Quiero hacer una pausa para poder sentir la carencia y ver qué es lo que realmente quiero».

ZONA 3

Sensación: Sentimos el estómago tenso y deseos de vomitar.

Sentimiento: Estamos asustados, angustiados o nerviosos.

Necesidad: Necesitamos sentirnos seguros; ver qué es lo que podemos hacer para conseguirlo.

Comunicación Instantánea: «Estoy tenso y nervioso. Quiero averiguar por qué me siento amenazado. Deseo sentirme seguro».

Veamos ahora con más detalle cómo hacer uso de este lote de información.

Zona 1

La espalda/cuello/hombros se ponen tensos...
lo que significa:
estoy *enfadado (irritado, agraviado, furioso)...*
lo que significa que:
me he sentido *invadido.*
Lo que a su vez significa que:
tengo que hacer algo para restablecer el nivel *de igualdad.*

Si somos capaces de hacerlo, sentiremos un verdadero poder que fluye a través nuestro.

Las investigaciones que hemos llevado a cabo han revelado que la mejor manera de restablecer la igualdad, de hacer que los demás nos traten como iguales, es formular una afirmación directa de nuestra sensación o sentimiento; comunicar a partir de la curiosidad y el descubrimiento, y no desde el victimismo.

Qué decir y qué no decir

Ejemplo: Supongamos que nuestra pareja nos acaba de decir que no va a poder ir a recoger a nuestro hijo a la salida del entrenamiento de fútbol.

DECIR: Me estoy dando cuenta de que se me está acumulando tensión en el cuello y los hombros. He empezado a sentirme así cuando me has dicho que no podrías recoger a Tad del entrenamiento de fútbol. (Acto seguido, deja que se haga el silencio. Si la tensión remite, no pasar de ahí. Si permanece, comunicar el sentimiento de enfado. Hacerlo sin complicaciones gratuitas.)

DECIR: Estoy enfadada. (Después, dejar que se haga el silencio. No explicar por qué estamos enfadados.)

La magia tiene lugar cuando pronunciamos afirmaciones simples e irrebatibles sobre las sensaciones o los sentimientos. Si dejamos algo de espacio y silencio después de hablar, los resultados serán poderosos. Si nos apresuramos a dar explicaciones, o nos excedemos en el uso de la palabra, esos mismos resultados se verán diluidos.

NO DECIR: ¿Por qué nunca te responsabilizas de nada? ¿Por qué tengo que hacerlo todo yo?

Zona 2

Siento *una opresión* en la *garganta o* el *pecho...*
lo que significa:
estoy *triste...*
lo que significa:
he experimentado una *pérdida.*
Lo que a su vez significa:
tengo que *reconocer la realidad de esa pérdida*, decirle adiós, aunque me parezca insignificante.

Si conseguimos hacerlo, nos abriremos a las sensaciones positivas y orgánicas que fluyen en el pecho: amor, gratitud, bienestar.

Ejemplo: Supongamos que nuestro nuevo amor deja de llamarnos por teléfono. Le dejamos algunos mensajes en el contestador, empleando el Paso Milagroso que consiste en hacer una Comunicación Instantánea de nuestros sentimientos hacia él/ella. Pero no hay respuesta. Unos días después, empezamos a caer en la desesperación...

HACER: Sentir durante diez segundos la plena intensidad de nuestra tristeza. Es posible que hayamos depositado grandes esperanzas en esa nueva relación, quizás incluso hasta hayamos llegado a pensar que esta vez iba «en serio». Ahora esas esperanzas se han desmoronado y nos sentimos aprisionados por la pérdida. La única curación posible pasa por afrontar esa pérdida durante diez segundos, sin vacilar. Sabrás que lo has conseguido cuando notes que la opresión en la garganta empieza a remitir.

NO HACER: No distraernos vaciando la nevera o el supermercado. No llamar a los amigos para polemizar con ellos. Podemos llamarlos, si queremos, para pedirles que nos escuchen mientras les transmitimos nuestra tristeza. Cuando este sentimiento cambie, agradecérselo y decirles que estamos dispuestos a hacer lo mismo por ellos cuando se encuentren en esa misma situación.

Sentimos *una punzada en el pecho, nos cuesta respirar...*
lo que significa que:
siento *la carencia* de algo o alguien...
lo que significa:
me veo *incompleto, carente de algo.*
Lo que a su vez significa:
debo hacer algo tendente a *la comunión y la conexión* con nosotros mismos, con otra persona, con lo que nos llena plenamente.

Si lo conseguimos, llegaremos a conectar realmente con el corazón de las personas. Seremos capaces de expresar las pasiones más íntimas de nuestro corazón, y de apoyar a los demás cuando hagan lo mismo.

Ejemplo: Supongamos que nuestro mejor amigo/a acaba de irse de vacaciones. Lo añoramos. Nos damos cuenta de que sentimos una opresión en el pecho, una sensación de carencia.

HACER: Centrar la atención en la sensación del pecho. Llamar al amigo/a y decirle (o dejar el mensaje en el contestador automático) que lo añoramos. Abrirnos a nuestra añoranza. Mantener la atención en la carencia, buscando su origen hasta que remita la opresión en el pecho.

NO HACER: No distraer la atención ni cambiar de tema. No compararnos al amigo, no dejarnos llevar por la envidia o los pensamientos competitivos.

Zona 3

Siento el *estómago tenso*, tengo *deseos de vomitar...*, una sensación acelerada, de incomodidad.
lo que significa:
estoy asustado...
lo que significa:
estoy experimentando una *amenaza* de dolor físico o social...
Lo que a su vez significa:
tengo que *hacer algo que consiga eliminar la amenaza*, o *crear una zona de seguridad* a nuestro alrededor.

Si lo conseguimos, llegaremos a obtener una profunda sensación de estabilidad y fluidez en nuestros movimientos.

Ejemplo: Supongamos que dos amigas tienen una cita con dos chicos. Los cuatro van en el coche, una pareja delante y la otra detrás. Acaban de salir del restaurante, y todos han bebido. De pronto, la chica que va en el asiento trasero se da cuenta de que ella, personalmente, no se encuentra en condiciones de conducir. Es tarde, está lloviendo y hay mucho tráfico, así que no parece muy adecuado que se baje y se vaya a pie.

DECIR: Estoy asustada. No me siento segura.

NO DECIR: ¿Estás lo bastante sobrio/a para conducir?

DECIR: Para junto al bordillo.

NO DECIR: Ten cuidado.

Si la persona que conduce no se detiene, habrá que enfatizar las exigencias o, como mínimo, abrocharse el cinturón de seguridad. En este caso, el mero hecho de comunicar el miedo que sentimos no basta para crear una zona de seguridad a nuestro alrededor ni para eliminar la sensación de temor.

Veamos a continuación una historia que ilustra cómo emplear exactamente el Milagro en Diez Segundos, tanto el Paso Clave que pone en contacto con la verdad que sentimos en nuestro interior, como la *Comunicación Instantánea* que transmite dicha verdad a otra persona:

Sheila y Les estaban encallados en el tema de las responsabilidades. Ella quería una relación basada en el compromiso, y no que cada uno pudiera salir por su lado con otras personas. Llevaban meses hablando del asunto, y Sheila estaba empezando a cansarse de que Les siempre evitara definirse al respecto. Cuanto más le presionaba, más decía él que «ella no podía obligarlo a ese tipo de relación».

Finalmente, un día, la gota colmó el vaso. Sheila insistió demasiado y Les explotó, hasta el punto de marcharse al dormitorio y ponerse a hacer las maletas. Sheila se quedó en la cocina, pensando que aquello era el fin. De pronto recordó el Milagro en Diez Segundos que había ensayado en la consulta. Hizo una pausa y revisó las tres zonas de las sensaciones básicas. Creía que estaba enfadada, pero aquel rápido repaso de sus sensaciones le mostró que en realidad estaba aterrorizada. Aquello le supuso una revelación. ¡Le había estado comunicando su enfado a Les, pero no su miedo! Además, sentía un cierto anhelo en el pecho. Respiró hondo y se dirigió al dormitorio, donde Les no dejaba de recoger sus cosas, muy enfadado.

–Quiero que hablemos –le dijo–. ¿Podrías parar un momento y escucharme? –Les se detuvo y asintió–. *Tengo miedo de no ser lo bastante para ti, de no merecer tu compromiso. También siento un fuerte deseo de sentirme muy compenetrada contigo.*

Acto seguido, dirigió su conciencia a las sensaciones de su cuerpo para ver si había algo más de lo que no se hubiera dado cuenta. Les la miró un momento, respiró profundamente y le contestó.

–Ah, estás asustada. Creía que estabas enfadada conmigo.

–No –dijo Sheila–, *tengo miedo de que haya algo en mí que no funcione.*

Se miraron unos instantes, y luego Les se acercó a ella y la tomó de las manos:

–Yo quiero estar contigo... no quiero a nadie más... tengo miedo de perder mi libertad si me entrego a ti.

Cuando me contaron la historia, le pedí a Les que me diera más detalles de lo que le había ocurrido física y mentalmente cuando Sheila le había dicho aquella verdad instantánea. Sabía que algo importante debía haber cambiado, porque aquella resistencia al compromiso se modificó en aquel preciso instante. Me dijo que había sido como despertar de un trance. De pronto, había sido como si se hubiera puesto a escuchar a Sheila por primera vez. Me dijo: «Escuché su voz real, no la voz crítica. Me di cuenta de que no tenía nada que temer. Lo único que pasaba es que los dos estábamos igual de asustados. Y sabía que podríamos salir adelante».

Esta historia me conmovió, porque creo que la gente está efectivamente en una especie de trance mientras atraviesa conflictos de relación. Normalmente, ese trance ha comenzado en el pasado, por nuestra manera de entender los conflictos cuando somos niños. Existen ciertas reglas en relación con su procedimiento y su final. Cuando ponemos en práctica el Milagro en Diez Segundos, rompemos el trance, y ese paso es casi siempre contagioso.

Una vez que salieron del trance, Les y Sheila no tardaron en resolver su problema. Deshicieron la maleta y, mientras me contaban la historia al día siguiente, los ojos se les llenaron de lágrimas. Se comprometieron el uno con el otro sin tensiones ni presiones, y yo tuve el honor de asistir a la bendición de su enlace un sábado luminoso, cerca de San Francisco.

Por lo que se desprende de este ejemplo, el Milagro en Diez Segundos es una poderosa medicina capaz de curar deprisa. Lo bueno es que también puede usarse para prevenir, o sea, como un modo de vida. Después de practicarlo durante casi veinte años, Kathlyn y yo hemos descubierto que ahora somos capaces de detectar y prevenir la mayoría de los problemas que en otra época nos destrozaban.

Antes de pasar a la siguiente sección, os revelaré una receta que vale la pena poner en un lugar bien visible, en el espejo del baño, en un tablero, o enganchada a la puerta de la nevera:

La receta de los Diez Segundos

Encuentra algo que sea absolutamente verdadero, y dilo de un soplo, sin culpabilizar a nadie. Dilo de manera simple, como afirmaciones del tipo: «Me estoy poniendo tenso», «estoy enfadado», «estoy dolido» o «no sé qué decir».

Si quieres crear los milagros más poderosos, di lo que tengas que decir a la persona a la que tengas que decírselo.

Auguro que quedaréis sorprendidos del poder de este sencillo paso.

EL SEGUNDO MILAGRO EN ACCIÓN

La resonancia, una nueva forma de escucharse mutuamente

Si vas a efectuar *Comunicaciones Instantáneas*, también debes estar dispuesto a recibirlas cuando los demás efectúen las suyas. De hecho, después de pasar diez segundos escuchando sin más, se llega a puntos de inflexión tan fiables como tras diez segundos hablando sinceramente. Mis compañeros y yo hemos desarrollado un proceso innovador para escuchar, que incrementa bastante el valor de las técnicas habituales de recepción. Lo hemos llamado Resonancia de Recepción, y ahora vamos a aprender a utilizarlo.

Técnicas de recepción tradicionales

La Resonancia de Recepción se basa en una técnica muy conocida, que ya practica mucha gente: la Recepción Activa. Ésta, a su vez, se inspira en los trabajos de Carl Rogers, y se popularizó en las décadas de 1960 y 1970 de la mano de Thomas Gordon y Haim Ginott. Durante años, yo mismo he enseñado una variación de esta técnica, y en la actualidad, muchos de los expertos en el campo de las relaciones personales –Harville Hendrix, Allan Ivey, y otros– practican diversas variaciones a partir de ella. En la Recepción Activa, el que recibe la información resume y le repite lo escuchado al hablante, dándole así la posibilidad de descubrir si lo que acaba de decir es exacto. El que escucha no sólo le devuelve el contenido informativo de la comunicación, sino que también le transmite el contenido emocional de lo que aquél ha dicho.

JOHN: Hoy ha sido un día muy estresante en el trabajo. Además de todo lo que tenía que hacer, me han llamado unas cincuenta veces por teléfono. Me alegro de estar aquí, cenando contigo.

MARY: Parece que has tenido un día muy ajetreado. Y que estás contento de tener un poco de paz y tranquilidad.

JOHN: Exacto.

Cuando se hace bien, el que habla no se da cuenta de que se trata de una técnica. Si se emplea con sinceridad, no es más que una manera de hacer saber a los demás que estamos con ellos en cuerpo y alma. Si no se hace bien, suena falso y artificial. Yo mismo, después de enseñar esta técnica a miles de personas, he tenido muchas ocasiones de ver tanto aplicaciones genuinas y sutiles como otras absolutamente forzadas.

El arte de la Recepción Activa está en *ver* el mundo a través del punto de vista del interlocutor. La innovación que quiero exponer ahora, la Recepción Resonante, se basa en *sentir* el punto de vista de la otra persona. Se trata de usar todo el cuerpo como un instrumento auditivo, y no sólo los oídos y la mente.

Veamos cómo, en una sesión en mi consulta, le enseñé la técnica de la Recepción Resonante a una pareja:

MARTY: Me parece que si vuelves a criticarme por gastar demasiado, no lo soportaré más y me pondré a gritar. Estoy...

JIM: Si tuvieras idea de lo que cuesta mantener este...

YO: Perdón. Haced una pausa y respirad una o dos veces. Parece que los dos estáis frustrados, y, también, que no es la primera vez que os encontráis en esta situación. Así que vamos a probar algo distinto. ¿Estáis dispuestos a intentarlo?

JIM: Sí.

MARTY: De acuerdo. Tienes razón, es lo mismo de siempre.

YO: Muy bien, Marty, quiero que digas lo que pienses de todo esto durante diez segundos. Después, Jim, voy a pedirte que hagas un resumen de lo que ella haya dicho. Primero los hechos, las palabras y las ideas. Luego, te pediré que sintonices con los sentimientos que subyacen bajo las palabras. Intentémoslo.

MARTY: Es que estoy cansada de tener siempre que dar cuentas de todo lo que gasto. Me siento como si me estuvieras espiando continuamente.

YO: De acuerdo... déjalo aquí. Marty, respira hondo y descansa mientras tú, Jim, resumes lo que acabas de escuchar.

JIM: Ella dice que...

YO: Díselo a ella. «Tú dices que...»

JIM: Tú dices que estás cansada de que siempre te esté atosigando con el tema del dinero. Que te vigilo...

YO: Marty, ¿es un buen resumen de lo que has dicho?

MARTY: Sí, básicamente.

YO: De acuerdo, Jim, olvídate de las palabras por un instante. Sintoniza con los sentimientos que has escuchado. Concéntrate en tu cuerpo. Cuando la oyes hablar de su frustración, ¿en qué parte del cuerpo te resuena?

JIM: Se me ponen los hombros tensos.

YO: Esa es tu zona de enfado, así que identifícate con el enfado y la frustración que ella siente. No discutas con su frustración, limítate a identificarte con ella.

JIM (cerró los ojos y respiró hondo): Vale... creo que puedo sentirlo. Es como una sensación de calor, de tirantez que me recorre el cuello y los hombros. ¿Tú también sientes lo mismo?

MARTY: Exactamente lo mismo.

JIM: No era consciente de que te sentías así. A mí me pasa muchas veces.

MARTY (expulsó el aire con fuerza): Oh, cariño, ¿no podemos hablar de esto como amigos?

JIM (abre los ojos y asiente lentamente): Sí, ya sé lo que quieres decir. Los dos estamos frustrados. Y nos echamos la culpa mutuamente.

Estos son los momentos milagrosos capaces de cambiar las relaciones. He escogido uno fácil, pero, evidentemente, no todos son tan sencillos. Muchas veces, la gente se atrinchera, ofreciendo resistencia. Y una vez ahí, salir del punto muerto depende de la habilidad del consejero y del grado de compromiso de la pareja. Pero sea cual sea el tiempo que se tarde en llegar, el momento exacto de la resonancia –el momento que lo cambia todo– es sólo cuestión de segundos.

El tercer milagro: dónde situarse

*El golpe de timón que en diez segundos
genera igualdad e integridad*

Para que las relaciones funcionen, debemos sentir que estamos en pie de igualdad. Todos tenemos la necesidad de hablar con los demás en tanto que iguales, y actuar así en todos los sentidos posibles. Si llegamos a la igualdad, seremos libres para crear milagros. Las relaciones basadas en la desigualdad (amo/esclavo, verdugo/víctima, patrón/peón) hacen que todo el mundo se sienta desgraciado de por vida. Este asunto es tan importante que quiero tratarlo brevemente a continuación.

Hay que estar convencido hasta la médula: todos somos absolutamente iguales. Es así, siempre ha sido así, y no puede ser de otro modo, por la sencilla razón de que todos estamos hechos de la misma materia que el resto del universo.

No se puede tener una relación con nadie si no existe igualdad. Las relaciones sólo se dan entre iguales. Si no nos sentimos iguales, nos vemos más arriba o más abajo, mejores o peores, más o menos importantes. Y todo eso son mentiras de la mente.

Una tentación increíble

Siempre hay un momento en nuestras relaciones en el que nos sentimos tentados de adoptar el papel de víctima. Sucede cuando algo que ha pasado no nos gusta. En esos momentos, sentimos una fuerte tendencia a vernos como víctimas. Pues bien, hay que resistir esta tendencia, ya que puede llegar a matarnos, y no exagero. Lo mejor, por lo tanto, es hacer algo radicalmente diferente: dejar de considerarnos víctimas y empezar a pensar que somos los poseedores auténticos, completos, de nuestras vidas. Para conseguirlo, debemos conocer los...

Tres papeles concretos que hay que evitar

Una manera rápida de saber si estamos empeorando algún problema de relación, es preguntarse si representamos alguno de estos tres papeles: el de víctima, el de verdugo o el de salvador. Cualquiera de ellos es mortal; hace que los problemas de relación se agraven. Si has adoptado alguno de los tres, nunca podrás solucionar ningún problema en tus relaciones personales.

El de víctima es el papel más común. Mira un poco a tu alrededor, y verás que la mayoría de las personas agotan su energía creativa por culpa del victimismo. Se perciben a sí mismas como las víctimas de algo: de su jefe, del mundo, de su dolor de cabeza. Además, la cantidad de energía que se consume representando el papel de víctima es justo la que hace falta para cambiar el rumbo de la existencia.

Por otro lado, a partir del momento en que nos colocamos en posición de víctima, no tenemos más remedio que poner a alguien en posición de verdugo. Y así es como nos situamos en un nivel de desigualdad, cosa que causa grandes problemas. No hay situación que pueda resolverse cuando la gente se ve a sí misma como víctima. Cuando se le pregunta a cualquier abogado si sus clientes se sienten satisfechos por ganar un pleito (yo me he tomado la molestia de hacerlo), muchos se ríen abiertamente y dicen que es justo lo contrario. Un juicio muy dilatado no hace más que aumentar la percepción que tienen de sí mismos como víctimas. Por supuesto, otra posibilidad es pagar con la misma moneda, devolver el golpe, y por eso la abogacía es una profesión tan rentable.

Recuerdo exactamente el día en que mi vida cambió para mejor. Fue cuando dejé de considerarme una víctima y empecé a pensar en mí mismo como un ser totalmente responsable de su destino. Desde aquel momento, las cosas no han vuelto a ser iguales, afortunadamente.

Por eso os quiero decir, desde lo más profundo de mi corazón, que es absolutamente esencial que evitéis pensar en vosotros mismos como víctimas, e igual de importante es que no pongáis a los demás en el papel de verdugo. En cuanto al tercer papel, el de salvador, sabed que también es muy dañino para la salud mental, ya que cuando lo representamos (convirtiéndonos en enfermeras, ángeles vengadores o guardianes) lo que conseguimos es desposeer de poder a la persona a la que supuestamente deseamos fortalecer. El «salvador» es el que muchas veces hace que el problema persista.

Imaginemos, por un momento, que nuestro mejor amigo nos llama; está de muy mal humor: «La vida es horrible, ya me lo han vuelto a hacer». En ese momento, hay que tener cuidado para no caer en el papel de salvador. Para sacarlo del estado de ánimo en que se encuentra, podríamos decir algo así como: «Es cierto, ¿alguna vez te van a tratar con el respeto que te mereces?». Esta respuesta tal vez parezca comprensiva, pero de hecho es muy perniciosa, ya que cuando tratamos a alguien de víctima, retrasamos su tránsito para que se responsabilice totalmente de su propia vida. No estoy diciendo que no debamos ayudar a levantarse a alguien que se haya caído en la calle, ni que no haya que hacer donaciones a instituciones benéficas, ni que no podamos ayudar a quien lo necesite. Lo que quiero decir es que no debemos apelar a la víctima que hay en la persona, porque lo que conseguiremos será reforzar su sensación de debilidad. Muchos de nosotros construimos nuestras relaciones erigiéndonos en salvadores de los demás, a los que vemos como víctimas, y a los que permitimos que representen ese papel. En una ocasión traté a una presentadora muy conocida para que dejara de sentirse una víctima (cosa que hacía, a pesar de tener belleza, talento y tanto dinero que, aun regalando un millón de dólares al año durante el resto de su vida, todavía le quedaría muchísimo para ella). Le sugerí que se apartara de todos los amigos que se relacionaran con ella en calidad de compañeros de victimismo. «Me quedaré sin ninguno», respondió.

Mi recomendación radical es: limitemos nuestras amistades a tres o cuatro personas que acepten tratarnos como seres plenamente responsables de nuestra vida, y tratémoslas a ellas del mismo modo. Pidámosles que nos den un golpecito en el hombro, sobre todo cuando estemos disgustados por algo, y que nos recuerden sin rodeos cómo es la vida:

- ¡Eh! Eres responsable de que tu vida sea como es. Y cuando te des cuenta de esto, tendrás la mayor de las compensaciones: el poder de crearla a tu antojo.

- ¡Eh! Hay algo que has estado evitando. Enfréntate a ello ahora mismo.

- ¡Eh! Ámate a ti mismo primero. Amar a los demás te resultará mucho más fácil.

Líbrate de los amigos que te ayudan a echarle la culpa de todo a los demás, porque no son amigos de verdad. Un amigo no es quien nos ayuda a creer que no tenemos poder, sino el que nos recuerda que estamos dotados de un inmenso poder y que depende de nosotros utilizarlo. Enseñemos a nuestros amigos a hacer preguntas del tipo:

¿Qué necesitas para afrontar y sentir las situaciones?

¿Qué *Comunicación Instantánea* necesitas expresar?

¿Qué es lo que finges no saber?

¿Qué es lo que necesitas aprender en este momento?

¿Cuál es la decisión clave que tienes que tomar?

¿Qué acción debes emprender?

A continuación voy a expresar esto en términos muy personales. En el momento de escribir este capítulo, es sábado por la mañana. Me he levantado a las cuatro de la mañana para ponerme a escribir. Si lo deseara, podría verme a mí mismo como una víctima, por tener que levantarme tan temprano un fin de semana, o por no poder seguir durmiendo. Si asumiera el papel de víctima, estaría obligado a ver el ordenador, el libro y las ideas que en él se incluyen como mis verdugos. De hacerlo así, hasta podría ir más lejos en mi reclamo de victimismo; podría envidiar a Kathlyn (y a Lucy, nuestra gata) por haberse quedado plácidamente durmiendo mientras yo me he tenido que levantar para sentarme ante la pantalla.

Y podría empaparme de victimismo, pensando en el hermoso jardín que estoy contemplando como en un agujero por el que se van mis ingresos, y dar un paso más y verme a mí mismo como el desgraciado paladín del orden luchando contra las fuerzas invasoras de las malas hierbas y la suciedad de la fuente. De hecho, una vez que uno se sumerge en el papel de víctima, éste nunca tiene fin. Mejor dicho, no acaba hasta que damos por acabada la obra. Y en ese instante es cuando adquirimos el poder.

Puede haber quien piense que ya ha oído antes esta última parte de mi discurso. Pero, sujetaos el sombrero y abrochaos los cinturones, porque todavía hay otra mala noticia que dar: ¿cuál es el peor problema de hacerse la víctima?

Pues que crea adicción.

Una vez que se prueba, uno tiene que aumentar un poco la dosis cada día. Y para mantener este hábito hace falta tiempo y energía, y rodearse de una serie de «colegas de victimismo» que te apoyen en momentos de necesidad, momentos que acaban siendo las veinticuatro horas del día.

Pero no todo es malo: vamos a ver cómo salir del papel de víctima. Es un proceso que se hace en dos pasos, que no implican más de diez segundos.

El paso en Diez Segundos que nos lleva al control de nuestra vida

Paso 1: Declarar que estamos al mando

Hacer la declaración, primero para nosotros mismos. Por ejemplo:

Soy la causa de que mi vida sea como es.
Soy la causa de mis diez kilos de más.
Soy la causa de todos mis sentimientos, ya sean de ira, de miedo, de tristeza o de alegría.

Es posible que no te creas ni una sola palabra de estas frases. Pero, aun así, no dejes de pronunciarlas. Da igual que te las creas o no. A los barrotes de metal que separan a un prisionero de su libertad no les importa que éste crea o no en la cárcel. Se abren y se cierran, pero él no tiene la llave. Lo mismo puede decirse de los barrotes mentales que nos mantienen prisioneros de nosotros mismos. Sal de la cárcel ahora mismo y declárate libre.

Di: «No estoy muy seguro de creerme lo que estoy a punto de decir, pero, de todas formas, soy la causa de que mi vida... Declaro que soy la causa de que esté en una cárcel», y te sorprenderás de la rapidez con la que las puertas se abren de par en par.

Paso 2: Hacerlo público

Para dar este segundo paso, sólo se tarda diez segundos: toma el teléfono, llama a tu mejor amigo y pídele que nunca más vuelva a pensar en ti como en una víctima. E incluso ve más lejos, y pídele a todos tus familiares y amigos que dejen de verte como una víctima. Pídeles que, cuando se te olvide, que cuando empieces a exigir ser tratado como una víctima, te digan: «Despierta, tú estás al mando, si no te gusta el rumbo que están tomando las cosas, cámbialas; si no quieres cambiarlas, acéptalas como son». Pídeles que, si protestas, insistan. Les encantará, y normalmente sólo tendrás que decírselo una vez.

Es muy posible que este segundo paso reduzca el tamaño de tu agenda telefónica. Yo siempre les digo a *mis pacientes que se rodeen de tres o cuatro amigos que estén completamente determinados a tomar las riendas de sus vidas. Que hagan un pacto con ellos para recordarse mutuamente que no deben caer en el papel de víctimas. Y que se ayuden a despertar del trance. La manera de pensar de las víctimas es un vicio como cualquier otro, y puede llegar a matar. Sin duda, mata cualquier posibilidad sincera de amor y felicidad. Pero reclamar la total responsabilidad de nuestras vidas es la sensación más emocionante de las que conozco. También es algo que puede llegar a convertirse en un hábito, si le damos el tiempo suficiente para establecerse en nosotros. Y por último, si lo practicamos lo bastante, nos veremos rodeados de gente con un gran sentido de la responsabilidad y que hace grandes aportaciones al mundo.*

El secreto que todos deberíamos conocer

He trabajado con algunas de las personas más ricas y famosas del mundo. A algunas de ellas el dinero y la fama se les había subido a la cabeza, pero al resto no. Estos últimos habían comprendido que el hecho de ser ricos y famosos era sólo una broma. No hay duda de que, en la mayoría de los casos, habían trabajado muy duro para llegar adonde estaban, y de que disfrutaban (casi todos) de hermosas residencias y de un trato preferente. Pero, a otro nivel, sabían perfectamente que la riqueza y la fama son una creación de la mente humana.

¿Por qué, entonces, seguimos enfrentándonos a la ficción de la desigualdad? La respuesta es fácil. Lo hacemos porque nos sentimos mal con nosotros mismos. Sólo hay una razón para maquillar la realidad de que los demás son mejores, y es que pensamos que nosotros no somos tan buenos. Ahora bien, hay que dejar de actuar así, por una razón muy práctica: porque destroza nuestra vida. Yo he visto cómo la desigualdad destrozaba muchas vidas. He visto a mucha gente malgastar su incalculable porción de energía creativa en luchas por el poder, intentando determinar quién tenía razón, quién estaba equivocado, quién tenía derecho a ocupar el despacho más grande, quién se merecía más atención por parte de su madre, etcétera. Afortunadamente, también he visto cómo la igualdad salvaba muchas vidas. He visto cómo, delante de mí, la gente «recargaba las pilas», tomando y reclamando la responsabilidad de cosas de las que antes se habían negado a aceptarla.

Si hay algún concepto que me gustaría que quedara claro en este libro, es que todos somos absolutamente iguales a cada átomo del universo. Todo está hecho de la misma materia, llámese como se quiera, y cuanto antes sintamos la identificación profunda con la totalidad, antes abandonaremos la pretensión de que existen cosas más elevadas y cosas más bajas, cosas mejores y cosas peores, cosas más importantes y cosas menos importantes.

Fin del discurso.

Pasemos ahora a ver cuáles son los pasos prácticos que hay que dar para llegar a estar en pie de igualdad con todas las personas que nos rodean. Eliminaremos las jerarquías de la existencia humana para vernos todos igual de sagrados.

Cómo hacerlo

Lo primero es maravillarse. Ir por los sitios maravillándose. Mucha gente espera que se produzcan maravillas, y se olvidan de que esta palabra también es un verbo. Un verbo capaz de salvar vidas. Cualquier cosa de la que estemos dispuestos a maravillarnos perderá su dominio sobre nosotros. Maravillarse es una de las mejores maneras de ponernos en pie de igualdad con algo.

Tomemos por ejemplo un tema delicado: el cáncer. Si tenemos cáncer, todo el mundo se pone de acuerdo en tratarnos como una víctima de él. Es aceptable socialmente que consideremos que lo «sufrimos». La gente nos dirá que lo combatamos, que es una batalla entre el cáncer y nosotros, y que el cáncer es más fuerte que nosotros. Pero os voy a decir algo que os sorprenderá (algo que ni yo mismo me hubiera atrevido a creer hace veinte años): he visto a gente curarse de cáncer al dar el paso radical de maravillarse ante él. En vez de combatirlo, ¡empezaron a maravillarse ante él! Empezaron a hacerse preguntas como:

¿Cuál es la verdadera fuente de mi enfermedad?

¿Qué puedo aprender de ella?

¿A qué necesito enfrentarme para que el cáncer desaparezca?

A veces, tardaron bastante en encontrar las respuestas a estas preguntas. No se puede arrancar el cáncer del cuerpo simplemente con preguntas, de la misma manera que con ellas tampoco se consigue vencer el ridículo, la crítica o la vergüenza. Pero, si tuviéramos cáncer, ¿no sería mejor pasar el tiempo indagando y maravillándose que haciendo cualquier otra cosa?

Maravillarse, indagar, son instrumentos que permiten tratar cualquier cosa de igual a igual. Además, se trata de un estado de conciencia muy atractivo, que se ve aflorar en los ojos de los niños, de los místicos, y de los ancianos más sabios. Yo soy un abanderado de la maravilla. Me ha servido para superar los momentos más duros de mi vida, y deseo que todos mis lectores aprendan a acceder a ella.

Dar el paso

El Segundo Paso Milagroso consigue generar permanentemente igualdad en las relaciones personales. Mediante un «golpe de timón» interno y radical, traemos la igualdad a nuestras vidas, y eso nos permite tratar cada momento de nuestra relación –y a cada persona a la que conocemos– de igual a igual.

El Segundo Paso Milagroso se basa en la Tercera Regla Milagrosa: *A los diez segundos de orientar el timón hacia un sentimiento de completa igualdad en las relaciones, se empieza a presenciar milagros. La manera más rápida de propiciar esa igualdad consiste en atribuirse una responsabilidad plena y saludable de cualquier situación existente, a la vez que se da a los demás la oportunidad de asumir la suya propia. Este cambio de dirección permite que todos se encuentren al mismo nivel: la plena responsabilidad.*

Haz una pausa ahora mismo para sentir ese cambio en nuestro cuerpo.

Lo creas o no, di para tus adentros la siguiente frase: *Soy igual a todos y a todo en el mundo.* Dila varias veces hasta que sientas que se «introduce» en las células de tu cuerpo. Una vez que sientas que estás hecho de la misma materia que la realeza, que los árboles, que el vecino, ya estarás preparado para el siguiente cambio de rumbo, un cambio capaz de eliminar, si lo haces debidamente, casi todo el dolor de tu vida. Aquí está:

La única manera de sentirnos en igualdad con los demás es reconocernos plenamente como total y absolutamente responsables de cualquier cosa que suceda en nuestra vida y *reconocer, también, que los demás son plena y absolutamente responsables de todo lo que sucede en la suya.* El único lugar de encuentro posible entre nosotros y los otros se produce cuando todos asumimos el ciento por ciento de responsabilidad. Si nos excedemos y llegamos al 102 por ciento, nos encaminamos peligrosamente hacia el martirio o la tiranía. Si nos quedamos en el 98 por ciento, empezamos a hundirnos en la ciénaga del victimismo. ¡Pero, ah!, la maravilla de aterrizar en el punto exacto, el milagro de alcanzar, ni más ni menos, el ciento por ciento de responsabilidad! Fijémonos en lo que ocurre en cuestión de segundos cuando asumimos la plena responsabilidad de algo. En el momento en que te dices a ti mismo: «Acepto la plena responsabilidad», nota la sensación, estimulante y relajante a la vez, que nos recorre todo el cuerpo.

Fíjate en las reacciones de los que te rodean. Contempla el rostro de tu pareja cuando le digas: «¿Recuerdas el problema que hemos estado comentando antes? He decidido asumir toda la responsabilidad». Nota la expresión en el rostro de tus compañeros de trabajo cuando te adelantes para comunicarles lo siguiente: «Asumo la plena responsabilidad de cualquier cosa que surja en el trabajo». Verás alumbrar un nuevo espíritu alrededor de cualquier persona que asuma una responsabilidad saludable.

No obstante, nuestro mayor miedo es que, aunque nosotros aceptemos nuestra responsabilidad, la otra persona no lo haga. Después de haber ayudado a cientos de personas a superar este temor, me atrevo a decir que los demás siguen el ejemplo de los que asumen la plena responsabilidad.

He presenciado muchos momentos milagrosos, como el de aquella mujer que, después de respirar profundamente, le dijo a su esposo: «Sabes que he estado echándote la culpa por aquella aventura que tuviste. Pues bien, aunque evidentemente tú eres el responsable de haberte ido con ella a aquel hotel, yo también tengo parte de responsabilidad, por haberme concentrado tanto en los niños y en sus actividades; dejé de verme como un ser con sexualidad. Yo creé la crisis por no prestar atención. Era inevitable».

Pero para alcanzar ese tipo de conciencia hace falta un valor muy poco común. Es un valor que normalmente no sale en los titulares de los periódicos, aunque sea el material sobre el que se construyen las vidas más heroicas. En este ejemplo, la pareja dejó de pelearse por la aventura extraconyugal y se centró en buscar sus objetivos comunes. Reinventaron su matrimonio ante mis propios ojos. No estoy diciendo que fuera fácil, ni que lo consiguieran de la noche a la mañana, pero el Paso Clave se inició, como siempre debe iniciarse, con el valor de dar el Segundo Paso Milagroso en la conversación que acabo de referir.

En mi consulta, una pareja puede estar discutiendo de dinero, y de repente, uno de ellos liberar el trance del conflicto diciendo: «Asumo la plena responsabilidad de todo lo referente a nuestro bienestar económico». Tal vez el otro reaccione con sorpresa, confusión o escepticismo, pero lo que casi nunca dice es: «Vale, así yo podré quedarme tirado en el sofá todo el día». Lo que consume energía es la lucha de poder que implica determinar quién es el responsable. Una vez que uno, el que sea, asume la responsabilidad, todo el campo energético que rodea el problema empieza a girar en una dirección positiva.

No obstante, lo mejor para apreciar los efectos de la responsabilidad es el cambio positivo que se opera en nuestras sensaciones internas. Si estamos atentos, sentiremos una agradable sensación de bienestar una vez que nos hayamos atribuido la responsabilidad de algo. Hay que sentirlo para creerlo.

Veamos dos breves ejemplos de la manera de asumir la responsabilidad personal. A continuación, explicaré una cosa que me sucedió a mí, un Milagro en Diez Segundos, un momento de peso que cambió mi vida.

Imagínate que estás en un cine, viendo una película, y que la imagen aparece un poco distorsionada. Estás ahí, sentado, hay unos instantes de tenso silencio y, poco a poco, empieza a escucharse un rumor. Al final, alguien se levanta y asume la responsabilidad de que lo arreglen. En lugar de quedarse sentado protestando silenciosamente, alguien se levanta y emprende una acción. ¡Un momento! ¿No es el operador el responsable de ajustar el foco sobre la pantalla? Aparentemente no, a juzgar por la imagen borrosa que vemos. Ajustar el foco tal vez sea la descripción de sus obligaciones laborales, pero, ciertamente, él no es responsable hasta el momento en que asume la responsabilidad. Y hasta que eso suceda, podemos pasarnos una hora protestando o bien levantarnos y asumir nosotros mismos la responsabilidad. Deberás escoger. Por mi parte, prefiero dirigirme al vestíbulo que quedarme sentado viendo una película desenfocada.

Imagina que estás en medio de una pelea con tu pareja, discutiendo quién tiene la culpa de que os hayan cortado la corriente. Tú dices que es culpa de ella/él por no haber pagado la factura. Ella/él dice que la culpa es tuya. De pronto, los dos os despertáis y os dais cuenta de que la discusión podría durar días. Dais el Paso en Diez Segundos y ambos os atribuís la responsabilidad del problema. Cada uno mira su cuenta. Se acaba la lucha de poder. Decidís emplear la energía en conseguir que vuelvan a daros la electricidad, en vez de intentar determinar quién tiene razón.

En 1969 pesaba cincuenta kilos de más. La obesidad era una constante en mi familia, y yo seguía la tradición familiar. Fui un niño gordo, y luego me convertí en un adulto gordo. Que yo fuera gordo tenía una explicación: estaba condenado genéticamente porque mis padres y mis abuelos habían sido gordos, porque tenía problemas de tiroides, etc. Siempre que quería, podía justificar mi gordura ante cualquiera. Aunque no había mucha gente que estuviera interesada en oírlo, yo tenía mi historia preparada por si acaso. Sin embargo, un día desperté. Me di cuenta de que tener una buena razón para explicar por qué era gordo no me ayudaba a perder peso. En realidad, entendí que mi historia podía llegar a matarme. La obesidad había sido un factor en la muerte prematura de mi padre, y yo parecía estar siguiendo, paso a paso, el guión de su trágica vida. Así que tomé la decisión en Diez Segundos que cambió mi vida.

Me detuve, solo, en medio de una carretera de Nueva Inglaterra cubierta de nieve, y me hice un juramento para mis adentros. Me comprometí a crearme un cuerpo sano y disfrutar de él, independientemente de lo que los otros miembros de mi familia hubieran hecho con los suyos. Me juré que me liberaría del guión familiar, que escribiría uno nuevo, propio. Uno que dijera que yo me haría cargo personalmente de mi bienestar y que liberara a todos los demás, vivos o muertos, de aquella responsabilidad. Me juré que haría todo lo que hiciera falta para conseguir un cuerpo sano.

Al cabo de un año ya había perdido cerca de cincuenta kilos, y no me detuve ahí. El hecho de que yo lo haya conseguido, ahora me permite afirmar que es posible modificar el guión de nuestra vida (¡y el mío era muy pesado!) mediante un paso que no tarda más de diez segundos en darse. Este es el paso que todos debemos dar para crear cualquier cambio en nuestra vida. Lo único que hace falta es asumir la plena responsabilidad de crear el cambio, pero como una carga, ni porque creamos que estamos obligados a hacerlo, sino simplemente porque lo hacemos, y por ninguna otra razón más.

La receta de los Diez Segundos

Sólo hay realmente un secreto para llegar a la igualdad, ahora y siempre: darse cuenta de por qué estamos protestando (en silencio o en voz alta) y atribuirnos la plena responsabilidad de su existencia en nuestra vida. Respira hondo y di: «Yo soy la causa de que esto esté sucediendo». Da un paso más y acaba para siempre con la representación del victimismo diciendo: «Proteste lo que proteste, siempre seré el responsable del curso de los acontecimientos de mi vida».

Cuando somos capaces de dar este paso radical, nos liberamos. Y no sólo eso, sino que accedemos a un punto del universo muy poderoso. Al atribuirnos la responsabilidad de crear y mantener cualquier problema que tenemos, empezamos a disfrutar de las compensaciones: el poder de cambiar el problema, de crear una vida nueva de la manera que queremos. Saberlo me cambió la vida, y saberlo te la cambiará a ti.

Y si somos muchos los que lo sabemos, nadie podrá detenernos en nuestro propósito de crear un mundo mejor.

SEGUNDA PARTE

SOLUCIONES EN DIEZ SEGUNDOS A LOS SIETE MAYORES ERRORES DE LAS RELACIONES PERSONALES

Aprovechar las ocasiones en que es más fácil crear milagros

En esta segunda parte, vamos a llevar los Milagros en Diez Segundos al mundo real de los problemas en las relaciones personales. En la vida cotidiana, es un pequeño porcentaje de situaciones el que acapara la mayoría de problemas. Se trata de momentos que, si no se abordan adecuadamente, hacen que nos sintamos muy desgraciados. Por lo tanto, lo que me propongo aquí es mostrar las técnicas que conozco y que obran milagros en este tipo de situaciones. Y para ello, hasta voy a incluir algunos modelos de diálogo que, según mi experiencia, son los que mejor funcionan. Al principio, quizá prefieras seguirlos al pie de la letra, pero, después, seguro que te descubrirás innovando e improvisando tus propios pasos sobre la base de estos principios generales. Lo mejor es pensar en este proceso como te enfrentarías a un ejercicio o deporte nuevos: practicar los elementos básicos hasta poder hacerlo con los ojos cerrados.

Una carencia notable

Nunca ha dejado de sorprenderme el hecho de que apenas se nos enseñe nada sobre cómo enfrentarnos a los momentos más importantes de nuestra vida, de nuestras relaciones personales. Si pensamos en ellos —cuando conocemos a alguien por primera vez, cuando nos vemos atrapados en un conflicto y no sabemos cómo salir adelante, cuando nos sentimos distantes, cuando intentamos resolver un problema sin echarle la culpa a nadie–, resulta ciertamente sorprendente que, en la escuela, nadie nos enseñara a practicar maneras de abordar estas situaciones. Un día, sentado junto a las pistas de tenis de un hotel, me dediqué a observar a un jugador profesional mientras practicaba unos ejercicios. El entrenador le servía una bola muy alta, y él se la devolvía con un *smash* a ras de red. Así estuvieron durante una hora entera. Más tarde, mientras conversaba con él, me dijo que intentaba repetir aquel tiro, además de algunas otras jugadas, unas cien veces en cada entrenamiento. Ojalá yo hubiera tenido un entrenador en la escuela que me hubiera enseñado durante una hora a practicar situaciones de la vida. Podría haberme ahorrado mucho dolor, y habérselo ahorrado a los demás, de haber sabido comunicar mis sentimientos, escuchar a los demás, liberarme de la sensación de culpa o dominar mejor mis enfados.

¿Qué es una Ventana de oportunidad de Diez Segundos?

Aprender a reconocer las oportunidades, que se abren como ventanas durante diez segundos, es una de las cosas más importantes del mundo. Es algo que yo siempre aconsejo poner en el primer lugar de la lista de prioridades en lo que se refiere a los objetivos de aprendizaje. La razón es la siguiente: el mejor momento para abordar cualquier situación es siempre justo después de que se haya producido. Si se rompe un vaso en la cocina, el momento ideal para recoger los trozos es *en ese mismo momento*, ya que de lo contrario pasarán dos cosas.

Primero, que en la mente nos quede la idea de que hay algo que no hemos terminado. Parte de la mente queda ocupada en ese tema, con lo que no llegamos a involucrarnos por completo en lo que en ese instante estemos haciendo. Y segundo, que si dejamos el vaso roto en el suelo, alguien puede entrar en la cocina y hacerse daño. Lo mismo puede aplicarse en todos los aspectos de la vida: cuando empezamos a ir a la deriva, la corrección inmediata del rumbo nos evitará muchos problemas más adelante. El piloto automático de los aviones puede servir como metáfora si pensamos en el aprendizaje de estas ventanas de oportunidad. En el mismo momento en que un avión desvía el rumbo, el piloto automático lo capta y lo corrige. Si vuelve a desviarse en la dirección contraria, vuelve a captarlo y a corregirlo de nuevo. De hecho un avión avanza en la dirección exacta sólo en un 10 por ciento de los casos; el resto del tiempo se lo pasa saliéndose de la ruta y rectificándola. Dicho de otro modo, un avión puede despegar de San Francisco, errar el rumbo el 90 por ciento del tiempo, y aun así llegar sin problemas a Honolulú.

Por lo tanto, el piloto automático es un gran invento para la navegación aérea, no porque siempre mantenga el rumbo correcto, sino porque consigue corregir las desviaciones. Y su importancia estriba, precisamente, en saber corregirlas. Ahora apliquemos esto a las personas. No hace falta tener siempre la razón, ni hacer siempre diana en la vida, en el trabajo, o en el amor; lo que hace falta es ser rápidos en retomar el rumbo. Y las ventanas de Diez Segundos son el lugar y el momento en que ese rumbo empieza a corregirse.

A modo de ejemplo, veamos una situación que se produce millones de veces al día.

Un amigo llega y nos pregunta: «¿Qué tal estás?». En realidad, nos sentimos cansados y tenemos dolor de cabeza. En los diez segundos que siguen a la pregunta, o decimos la verdad de nuestro estado, u optamos por una respuesta socialmente aceptable: «Bien».

La ventana de la oportunidad se abre durante diez segundos después del: «¿Cómo estás?». De lo que respondamos dependerá que la relación se vuelva más íntima. No estoy insinuando que debamos intimar con cualquiera que nos pregunte cómo estamos. Lo que digo es que esos diez segundos determinan si vamos a establecer o no una relación de proximidad con nuestro interlocutor.

Si respondemos: «Estoy cansado y me duele la cabeza», nos trasladamos a una zona de intimidad. *Al hacerlo se abre de inmediato otra ventana de oportunidad.* Ahora, es nuestro amigo/a el que determina si desea o no un mayor grado de intimidad con nosotros. Su reacción espontánea bastará para que nos demos cuenta de su elección. Si responde: «Cuéntame, ¿qué te pasa?», o si la expresión de su rostro denota interés, sabremos que la intimidad es bienvenida. Si dice «ya se te pasará», o «tómate una aspirina», tal vez sea mejor buscar la intimidad con otra persona.

La Ventana de la oportunidad también es el momento en que se crean los asuntos pendientes. Si respondemos «Bien», ponemos en marcha una mentira. Nos sentimos de una manera y decimos que nos sentimos de otra. A veces, podemos salir indemnes (sólo porque no nos descubren). Pero, en otro sentido, nunca nos saldremos con la nuestra, porque la realidad de lo que nuestro cuerpo siente no se deja engañar por nuestra mentira. Si decimos que estamos bien cuando en realidad estamos cansados y nos duele la cabeza, nuestro cuerpo registra la mentira y almacena la información. La persona a la que se la decimos va a parar a un gran fichero que contiene a las «Personas a las que mentimos», que también podría llevar la etiqueta «Personas con las que no mantengo una relación de intimidad».

Aunque llevemos veinte años durmiendo al lado de una persona, puede que no lleguemos a tener una relación de intimidad con ella, porque hay verdades no reveladas que parten la cama en dos mitades. He trabajado con parejas que llevaban mucho tiempo juntas y que han descubierto, a veces con horror, que nunca habían experimentado la intimidad genuina que nace de ser completamente sinceros con el otro. En una ocasión, me encontraba comentando este tema en un programa de televisión y la invitada, de repente, se quedó como perpleja y dijo: «Creo que nunca en mi vida he mantenido una relación de intimidad con nadie». Sin embargo, cuando lo emitieron, aquel momento íntimo lo habían cortado.

La verdad, por irónico que parezca, es que el cuerpo de nuestro interlocutor también registra la mentira, de la misma manera que nosotros también captamos cuando alguien nos miente. Tal vez no lo registremos conscientemente, pero, por lo general, una parte de nosotros sabe cuando hay algo «raro» en la comunicación.

El asunto pendiente que suele iniciarse a partir de mentiras sociales aparentemente triviales tiene, sin embargo, consecuencias que nos quitan energía y tiempo. Siguiendo con el ejemplo anterior...

Decimos «Bien», y nuestro interlocutor nos responde «Me alegro, hasta luego». Nos separamos. Minutos después, estamos en la oficina y nos damos cuenta de que no podemos concentrarnos en el trabajo. Vemos que el hecho de no haberle dicho a nuestro amigo/a cómo nos sentíamos nos está distrayendo. Al mismo tiempo, éste, en su despacho, se está preguntando qué es lo que le ha sonado «raro» en esa conversación que acaba de mantener. De hecho, ha registrado una desconexión entre nuestra respuesta («Bien») y la expresión de nuestro rostro. De pronto, se da cuenta de que, aunque hemos dicho que estábamos bien, nuestra expresión denotaba lo contrario. Los dos fragmentos no encajan.

Llegados a este punto, se abre otra ventana de oportunidad: cuando nos damos cuenta de que hay un asunto pendiente. Un Paso Milagroso que podría darse en ese mismo instante sería llamarle por teléfono y decir: «Esta mañana te he dicho que estaba bien, pero en realidad estoy cansado y me duele la cabeza. Llevo un rato inquieto por no haber sido sincero contigo». Y nuestro amigo/a tal vez responda: «Bueno, gracias por decírmelo. Ya me parecía que había algo raro». También cabe la posibilidad de que sea nuestro amigo/a quien llame por teléfono y diga: «Esta mañana he visto que tenías una expresión de dolor en el rostro. Me has dicho que estabas bien, pero me pregunto si te pasa algo».

Si no se aprovecha la oportunidad que se abre con esta ventana de Diez Segundos, pueden generarse otros asuntos pendientes.

Al pensar en ello, decidimos que nuestro interlocutor no es tan amigo como creíamos. Decidimos que no podemos confiar en él, y que hemos hecho bien en mentirle. Simultáneamente, en su despacho, él o ella piensa algo parecido. En vuestras respectivas mentes, empie-

zan a surgir las especulaciones, casi todas negativas.
Ambos dais un paso atrás en la mente y en el corazón.

Cuanto más nos alejemos de las ventanas abiertas a la oportunidad y de los Pasos Milagrosos que las enriquecen, con más probabilidad caeremos en el distanciamiento y en la interpretación gratuita. *Normalmente, no nos damos cuenta de que es nuestra incapacidad para dar el Paso Milagroso la que genera la distancia y las especulaciones negativas.* Tendemos a creer que es algo que depende del otro. Pero nunca es así.

Y con esto no estoy diciendo que los demás no puedan ser pequeños tiranos, indeseables, bribones, gamberros o rateros. De hecho, muchos de nuestros conciudadanos son un verdadero estorbo, de la cabeza a los pies, pero lo que intento decir es que cuando ignoramos las ventanas de la oportunidad, cargamos con nosotros esas oportunidades ignoradas y las almacenamos en forma de contracturas musculares y preocupaciones.

Por lo tanto, estáte atento a ellas, da los Pasos Milagrosos, y podrás volver a casa sin exceso de equipaje.

Te atrapo más tarde

¿Qué pasa si nos damos cuenta de que una ventana de la oportunidad se abre en un momento poco apropiado desde el punto de vista de las convenciones sociales? Por ejemplo, el jefe está maltratando a un compañero nuestro y nos sentimos muy mal, pero no queremos decir nada porque nos jugamos el ascenso. Cuando sucede una cosa así, sea cual sea el motivo, se pueden dar dos pasos. Uno es obligatorio, el otro es opcional.

El obligatorio es afrontar la situación en nuestro cuerpo.

- Captar las sensaciones o sentimientos y darles un nombre, en voz baja.

    Tengo la espalda agarrotada... estoy enfadado.

    El estómago se me acelera... estoy asustado.

    Noto una opresión en la garganta... estoy triste.

    Siento un peso en el pecho... tengo el anhelo de algo.

- Insuflar algo de vida en las sensaciones que sentimos. Normalmente basta con tres respiraciones profundas. Así, conseguiremos no llegar a casa cargado con ellas.

El paso opcional consiste en redactar una nota para comunicarla más tarde. Esto puede significar...

- Expresar nuestra tristeza, miedo, ira, a nuestro jefe. Se trata de un paso valiente capaz muchas veces de generar puntos de inflexión muy radicales (y a veces también despidos sonados).

- Expresar nuestra tristeza, miedo, ira, a nuestro compañero de trabajo. En este caso, la técnica debe ser distinta. Hay que evitar tratar a la persona como a una víctima. A partir del momento en que entramos en la interpretación víctima/verdugo de cualquier situación, nos convertimos en los conspiradores de una tragedia sin fin.
Pero siempre hay una salida y, afortunadamente, nunca está a más de diez segundos.

El primer error

*Te sientes mal contigo mismo
y se lo haces pagar a los demás*

Lo primero que debe preocuparnos en el terreno de las relaciones es la relación con nosotros mismos. Si no captamos la corriente orgánica de los buenos sentimientos en nuestro interior, es posible que se lo hagamos pagar a los demás. Siempre que se cae en el mal humor, se empieza a ver el mundo como un lugar malvado y tenebroso. La gente parece retorcida y llena de malas intenciones. Luego, recuperado el buen humor, el mundo vuelve a brillar. Miramos a nuestro alrededor, a nuestros conciudadanos, y pensamos: ¡Qué gente tan estupenda!

Hace mucho tiempo, fui a visitar a un amigo que es un apasionado de los coches clásicos. Tenía uno, aparcado a la entrada de la casa, que me llamó la atención. Como yo no entiendo mucho de coches, le pregunté si era algún modelo clásico. A mí sólo me parecía un coche viejo.

—Bueno —me respondió— cuando estoy de buen humor lo veo como un clásico, y cuando estoy de mal humor, como un montón de chatarra.

Pues bien, lo mismo sucede con las relaciones. Cuando estamos de buen humor, vemos a nuestra pareja y nos creemos la persona más afortunada de la Tierra. Pero cuando estamos de mal humor, miramos a esa misma persona maravillosa y pensamos que es insoportable. El mal humor no nos permite ver quién es realmente insoportable.

Por lo tanto, lo que debemos hacer en primer lugar, es mantener la corriente de los buenos sentimientos en nosotros mismos. Y en este sentido, el Milagro en Diez Segundos hace maravillas.

La gente, equivocada, busca soluciones artificiales para que se reanude la corriente de las sensaciones positivas. En mis momentos de extravío, comía galletas sin parar y le echaba la culpa a los demás de mi mal humor. Y las personas realmente tontas recurren a soluciones artificiales que crean adicción. En mi peor época, me fumaba una media de dos cigarrillos por hora. Es posible que al principio lo hiciera por «placer», como dice la publicidad, pero después sólo fue para mantener a raya mis malos sentimientos. Qué tonto era. Sólo un tonto optaría por ponerse enfermo para evitar sentirse mal.

La mejor manera de restablecer la corriente de las buenas sensaciones es dar el Paso Milagroso en una de las tres zonas básicas. Si se hace de manera sencilla, siempre funcionará.

Cómo hacerlo

Imagina que te levantas una mañana y no sientes la corriente orgánica de las buenas sensaciones. Quieres sentirte bien. Tienes cosas importantes que hacer, y te gustaría aportar energías renovadas a tu actividad. ¿Qué hacer?

Empieza por recorrer las tres zonas básicas. Al hacerlo, descubrirás tensión en dos de ellas. Al sintonizar con más detenimiento, te darás cuenta de que la tensión está concentrada en la garganta y en los hombros, y esa es la sensación exacta que nos dice que estamos descentrados. Antes de hacer la revisión, sólo sabías que no te sentías bien. Ahora sabes algo mucho más concreto: lo que pasa es que la corriente no fluye ni por la garganta ni por los hombros.

La solución de los Diez Segundos pasa por centrar la conciencia en la zona que se nota más bloqueada y mantenerla ahí durante unos segundos, hasta que la sensación de bloqueo empiece a remitir. El flujo empezará a notarse de nuevo tras unos segundos: tiene que ser así. ¿Por qué? Pues porque la conciencia que estás centrando voluntariamente alcanzará la conciencia que se halla alrededor y por detrás de la sensación bloqueada.

La sensación de flujo ya está ahí. No ha dejado de estarlo. No la percibías, porque la ensombrecía la tensión. Sin embargo, tan pronto como empieces a buscarla, te recompensará con creces.

La conciencia se encuentra en todo lo que existe; es nuestro don orgánico. Y la capacidad para centrarla voluntariamente es un talento que puede practicarse y cultivarse. Cuando centramos la conciencia voluntariamente en un lugar concreto y la mantenemos ahí, empieza a detectar la conciencia que ya se encuentra impregnada en esa zona. El espacio y la conciencia siempre están, incluso en medio de los puntos tensos, aunque no podamos notarlos a causa del ensombrecimiento a que se ven sometidos por la tensión o el dolor de la zona.

Lo importante es recordar que, a partir del momento en que centramos nuestra atención, libre de juicio, sobre la tensión o el dolor, durante diez segundos, abrimos el acceso a la transformación milagrosa.

Para ver hasta qué punto este paso es poderoso, maravillémonos con la historia de Ken Hecht, un productor de televisión que explicó a través de la revista *Neewsweek* la siguiente experiencia. A mí su historia me conmovió tanto que le envié una carta, como si fuera un *fan*, y a partir de ese momento iniciamos una correspondencia epistolar fluida. Ken llevaba años luchando contra la obesidad, hasta que rompió el ciclo con un Milagro en Diez Segundos. Este es su relato.

Para mí, romper el ciclo [de comidas descontroladas] pasó por decidir una noche entregarme a la ansiedad, en vez de adormecerla con comida. Decidí que, a partir de entonces, iba a afrontarla cara a cara. Quería simplemente quedarme sentado y ver si la espantosa ansiedad que tanto miedo me daba iba a poder conmigo. Así que me senté y me sentí horriblemente mal, y al final tuve sentimientos de asco hacia mí mismo, de desprecio; sentía que no valía nada. Al final, el deseo de comer, producto del pánico, se desvaneció. Duró menos de 30 minutos. Fue una experiencia horrible, pero la recomiendo encarecidamente. Sentarse con uno mismo. No comer, no ir al cine, no encender el televisor. No hacer nada, sólo quedarse sentado en silencio, sentirse mal y experimentar lo que nos aterroriza... Es una parte de nosotros mismos que debemos conocer.

Hacerlo una sola vez me cambió la vida.

Ken llegó a perder 55 kilos. No lo hizo de la noche a la mañana, ni erradicó la tendencia a comer descontroladamente, pero, como él mismo dice, «aunque hubo veces en que la ansiedad volvía, yo recurría a aquella experiencia y sabía que podía vencerla».

El Milagro en Diez Segundos se produjo cuando se decidió a sentir la ansiedad. Afrontarla durante diez segundos le dio la fuerza para hacerlo durante otros diez, y así la fuerza no paró de crecer, con lo que llegó a estar cara a cara con su sufrimiento ¡durante media hora! Si se trata de perder más de cincuenta kilos, seguro que hará falta una sucesión de Milagros en Diez Segundos durante meses, tal vez años. Pero lo bueno del caso es que todo lo que hay que hacer es empezar con un Milagro en Diez Segundos, porque éste nos dará la fuerza para crear otro, y nuestra vida se desplegará en oleadas de milagros, de diez en diez segundos.

La receta de los Diez Segundos

Cuando te sientas descentrado, recorre las zonas de tu cuerpo relacionadas con los sentimientos: zona uno, parte superior de la espalda y cuello; zona dos, garganta y pecho; zona tres, barriga. Siente en qué lugar es más desagradable la tensión. ¿Dónde te notas más agarrotado? Localiza el lugar de bloqueo y percibe las sensaciones durante diez segundos seguidos. Nada más. Pasados esos diez segundos empezarás a notar una sensación de flujo donde antes había tensión. Si la conciencia se aparta, devuélvela a ese punto hasta que notes que la corriente se restablece alrededor y por detrás de la zona de bloqueo. Si mantienes la conciencia en la sensación de flujo, la sentirás abrirse y florecer en un espacio abierto: se trata de la Zona Milagrosa.

El segundo error

*No sabes establecer una relación auténtica
en un primer encuentro,
con lo que empiezas las relaciones
con mal pie*

El Milagro en Diez Segundos es perfecto para los primeros encuentros. Al conocer a alguien en la Zona Milagrosa, abrimos un campo despejado, de posibilidades ilimitadas, a partir del cual se puede crear algo completamente nuevo. Pero si no conocemos a la gente desde la posición de la Zona Milagrosa, es muy probable que imprimamos al encuentro hábitos y modelos del pasado. Esa parte de nosotros que va en busca de aprobación quizás esté estrechando la mano de la parte del interlocutor que actúa como controladora. También puede suceder que la parte de nuestro interlocutor que actúa como víctima o mártir caiga en las garras de esa parte de nosotros que hace de vigilante. Hasta que estemos *iluminados* por completo, sea el que sea el significado de esta palabra, este tipo de relación basada en la representación de unos personajes será hasta cierto punto inevitable. Por lo tanto, no debemos amargarnos si caemos en estas trampas de personaje en los primeros encuentros. Aun así, fijémonos como objetivo aprender a conocer a la gente libres de los patrones adquiridos en el pasado. Si nos comprometemos en cuerpo y alma a establecer relaciones con los demás dentro de la Zona Milagrosa, en lo que yo llamo la *radiante realidad del momento presente*, tendremos más probabilidades de crear relaciones mágicas en las que tanto nosotros como los otros obtengamos lo que necesitamos.

Cómo hacerlo

En los primeros diez segundos que siguen al primer encuentro con alguien, *di sólo cosas que sean irrebatiblemente ciertas, cosas que acabes de descubrir en los últimos diez segundos*. Al conocer a la gente de este modo, sabrás que estás en la radiante realidad del momento presente. Dirás la verdad y, además, estarás transmitiendo un descubrimiento reciente. Tu relación se iniciará en el espacio despejado de la autenticidad y el entusiasmo.

¿Y cómo se aplica todo esto al mundo real? Imagina una conversación probable y, luego, rehazla usando el Milagro en Diez Segundos.

Estás en una fiesta, delante de la mesa de las bebidas. Un hombre, de aspecto interesante, se pone a tu lado. Le miras y él te sonríe.

ÉL: Hola.

TÚ: Hola.

ÉL: Es una buena fiesta, ¿verdad?

TÚ: Oh, sí. Jim y Diane son una pareja encantadora.

ÉL: ¿Qué tal el ponche?

TÚ: Tiene buen aspecto. ¿Quieres un poco?

ÉL: Sí.

Espero que no te hayas dormido leyendo este aburridísimo diálogo. Pero lo cierto es que este es a menudo el tipo de conversación que las personas emplean cuando inician una relación. Animemos ahora un poco la fiesta con un encuentro que responde al Milagro en Diez Segundos. La salutación es la misma, pero fíjate en que el resto del diálogo es verdadero y nace de algún descubrimiento hecho en los diez segundos anteriores.

ÉL: Hola.

TÚ: Hola

ÉL: Veo que estás inspeccionando el ponche.

TÚ: La verdad es que no acabo de decidirme a probarlo.

ÉL: Cuando a mí me pasa esto, me doy cuenta de que en realidad no tengo sed.

TÚ: A mí me pasa lo mismo.

ÉL: Me gustaría sentarme y conversar un poco.

TÚ: A mí también.

En la primera conversación las dos personas se encuentran como personajes sociales que hablan tras sus respectivas máscaras. No hay descubrimiento ni autenticidad en su conversación. Cuando la gente acude a mi consulta –tras haber llegado al límite en sus relaciones–, siempre se queja de la falta de autenticidad y descubrimiento. Y, cuando echan la vista atrás y recuerdan el momento en que se conocieron, se dan cuenta de que en su primer encuentro no hubo nada de todo eso.

Míralo de otro modo. Acostúmbrate a decir sólo cosas verdaderas y novedosas cuando conozcas a alguien. Si lo haces así obtendrás dos cosas realmente prácticas. En primer lugar, asentarás la relación sobre la autenticidad y el descubrimiento desde el primer momento, aportando algo real y atractivo sobre lo que construir la relación. Y en segundo lugar, aunque no por ello menos importante, ahuyentarás a la gente que no tiene aptitudes para la autenticidad ni el descubrimiento, ya que reaccionarán mal a estos dos tipos de afirmaciones. Si son alérgicos a la emoción de la verdad y al descubrimiento instantáneo, se quedarán desconcertados o se alejarán de ti, cosa que es de agradecer, porque te ahorrarán mucho tiempo. Si estás comprometido con la autenticidad y el descubrimiento personal, no te interesa dedicar mucho tiempo a gente a la que estas cosas no les interesan. Los momentos que uno pasa con un proyecto mediocre, son momentos que se deja de invertir en lo que realmente te interesa.

Debes conseguir que los primeros encuentros se desarrollen con sencillez. Si todo lo que decimos es cierto y supone un descubrimiento reciente, no puede salir mal. No sobrecargues esos valiosos momentos iniciales de contacto con un exceso de equipaje de los falsos comentarios o la charla intrascendente, porque lo que conseguirás será volver a casa sin conocerte mejor a ti mismo ni haber contactado verdaderamente con nadie. La noche llegará a su fin y a ti sólo te quedará la sensación de haber hablado mucho, pero te sentirás muy insignificante. Así que en vez de eso, móntate en la ola de la vida genuina, que sólo nace de situarse exactamente en el momento presente con nuestro auténtico yo.

La receta de los Diez Segundos

Cuando conozcas a alguien por primera vez, sitúate en el presente. No recurras a estrategias o modelos que ya hayas empleado antes. Di sólo cosas que sean irrebatiblemente ciertas, incluso cosas muy simples, como por ejemplo «me siento a gusto aquí», o «estar aquí me pone nervioso». Si afirmas cosas que acabas de descubrir en los últimos diez segundos, dotarás a la conversación de espontaneidad y verás que los milagros se despliegan ante tus propios ojos.

Procura poner en práctica estos consejos hoy o mañana. Te quedarás impresionado ante el poder de algo tan simple.

El tercer error

*Sientes tensión y distancia en tu relación
y no sabes desbloquearla*

Supongo que todos hemos pasado alguna vez por momentos como el que voy a describir. Yo, al menos, sí los he vivido.

> Estás con tu pareja, al final del día y, por más horas que pasen, sigues envuelto en el mismo distanciamiento y la misma tensión que esta mañana, cuando te has levantado. Hay frialdad, desconfianza; algo no va bien, aunque no consigues determinar qué es exactamente. Pasan los minutos... la tensión perdura... quieres hacer algo para aliviarla pero no sabe qué.

Odio estas situaciones porque permiten que se instale en nosotros una especie de sensación de desesperación, algo así como el sonido de uñas arañando una pizarra. Y cuando las percibo, empiezo a preguntarme si voy a hacerme añicos por dentro, como una vajilla de porcelana en un terremoto. Llevo treinta años recibiendo en mi consulta a parejas con esa mirada desesperada reflejada en sus rostros. Sé lo que sienten, y mi corazón las comprende. Veamos qué podemos hacer para que las cosas mejoren.

Cómo hacerlo

Las sensaciones positivas dejan de fluir cuando nos mantenemos inamovibles en nuestras posiciones. «Estás equivocado»; «Yo tengo razón»; «Soy más víctima que tú». Además, una vez presos de una postura, dejamos de tener libertad de movimientos y la otra persona suele adoptar una postura asimismo inflexible. Cuando cesa el movimiento, entramos en la misma situación que un cuerpo sin circulación sanguínea. Todos los sistemas se deterioran rápidamente.

Siempre que te sientas bloqueado, lo primero que debes hacer es restablecer la circulación. Y la mejor manera de conseguirlo es centrarse en las principales zonas sensoriales del cuerpo: estómago, pecho, y parte superior de la espalda/cuello/hombros. No hay que olvidar que esas tres zonas reflejan los sentimientos de miedo, tristeza y enfado, y que al perder el contacto con la corriente de energía de dichas zonas, no se tarda mucho en quedar bloqueado. Si no sabemos que estamos tristes o asustados o tenemos alguna carencia, entramos en un territorio de parálisis. Una vez bloqueados, tenemos la tendencia a seguir haciendo las cosas que, precisamente, han provocado el bloqueo, en vez de pasar a una nueva estrategia. Seguramente todos nos hemos dado cuenta de esto en alguna ocasión. Cuando dos personas se enzarzan en una discusión sobre quién tiene razón y quién está equivocado, muchos van afianzándose en la idea de que es el otro el que está equivocado. Evidentemente, eso nunca lleva a crear un momento de inflexión, y lo único que hace es profundizar el abismo.

Sólo hay una manera eficaz de salir del atolladero: la Solución de los Diez Segundos. Hay que ser breve y complicarse lo menos posible: *Siempre que se hace una afir-*

mación instantánea a partir de cualquiera de estas tres zonas, la tensión empieza a disolverse. Cuanto más baja sea la zona del cuerpo (en un recorrido descendente), menos tarda en liberarse la tensión. En otras palabras, hacer una afirmación sobre el miedo saca del bloqueo más rápidamente que hacerla sobre el enfado. Sin embargo, se debe empezar transmitiendo la sensación de la zona en que se note que ésta es más intensa. No es recomendable intentar buscar las sensaciones de la parte frontal del cuerpo cuando se está centrado en el sentimiento de enfado que aparece en la parte superior de la espalda y en los hombros. Primero, hay que expresar la sensación que sea más fuerte, y luego, una vez que ésta se haya liberado, ya se accederá a las otras.

Recuerda: *Aliviarás la tensión más rápidamente, si la expresión de tu sensación es algo que acabas de descubrir en los diez segundos inmediatamente anteriores.*

Veamos a continuación un diálogo entre dos personas que no hacen afirmaciones instantáneas a partir de sus zonas de sentimiento, y que tampoco dicen lo que acaban de descubrir. Observa qué les pasó cuando les pedí que recurrieran a las técnicas del Milagro en Diez Segundos:

BOB: Cuando lo haces, cuando le hablas a Amy [su hija] en ese tono de voz, me dan ganas de pegarte. Nunca lo haría, pero...

RAQUEL: ¿Ves? Siempre hay una amenaza en el aire...

BOB: Nunca lo haría...

RAQUEL: Puede que no, pero...

YO: ¡Bueno! Detengámonos aquí un momento, por favor...

Se callaron y se miraron. Luego me miraron a mí.

YO: Haced una pausa y respirad hondo varias veces... centrad la atención en vuestro cuerpo... podríais seguir así todo el día.

RAQUEL: Él lleva así varios meses...

BOB: ¡Yo! Pero si eres tú la que...

YO: ¡Alto! Hagamos una pausa. Los dos sabéis muy bien que por este camino nadie va a salir ganando, así que probemos con algo nuevo. Haced una pausa y concentraos en el interior de vuestro cuerpo mientras respiráis hondo tres veces.

Los dos siguieron mis indicaciones. A la tercera inspiración, su expresión se había suavizado. El Milagro en Diez Segundos se había puesto en marcha. Habían centrado su atención sobre algo real, algo que les estaba sucediendo en el cuerpo.

YO: Los dos parecéis enfadados. ¿Cómo notáis el cuello y los hombros?

BOB: Un poco agarrotados.

RAQUEL: Sí, agarrotados.

YO: Es la zona del enfado. Decíos «Estoy enfadado» unas cuantas veces el uno al otro, hasta que notéis que los hombros empiezan a relajarse.

BOB: Estoy enfadado.

RAQUEL: Estoy enfadada.

BOB: Estoy enfadado.

RAQUEL: Estoy enfadada.

Los dos, de manera espontánea, respiraron hondo y se concentraron más en sí mismos.

YO: Buscad en estas otras zonas (señalé una tabla con las zonas de la tristeza, el anhelo y el miedo) y notad lo que sentís.

En ese momento empezaron a entrar en un territorio mágico. Raquel estuvo a punto de alterar la energía de la sesión con una Comunicación Instantánea.

RAQUEL: Añoro la unión que había entre nosotros antes de que naciera Amy.

BOB (alterado): Pero es que ahora todo es diferente.

RAQUEL: En un plano intelectual, eso ya lo sé. Pero no dejo de añorar lo que teníamos antes... pasarnos la tarde sin hacer nada.

BOB (asintió con la cabeza, dándose cuenta de lo que estaba diciendo Raquel; en ese instante, pasaron de ser enemigos a ser aliados): Ahora, no podemos ni abrazarnos sin que nos interrumpan.

Volvieron a respirar hondo, espontáneamente, y se acercaron un poco el uno al otro. Empezaron a sonreír.

Este tipo de momentos siempre me resultan conmovedores. Aunque los he presenciado casi a diario en las últimas décadas, cada vez que los vivo me parecen algo nuevo. Y creo que es porque hay un elemento de renacimiento en ellos, una primavera que aparece en el corazón de personas que han estado aletargadas en el sueño helado del invierno, a veces durante años.

La receta de los Diez Segundos

Cuando te quedas bloqueado en un punto muerto de la relación, sólo hay una vía hacia la libertad. Debes sentir tu verdad interior y transmitirla al nivel más profundo posible. Cuanta mayor sea la sencillez con la que la expreses, mejores serán los resultados; la verdad no necesita explicaciones ni justificaciones. Sólo hay que decir las cosas que quepan en una respiración, «en un soplo», sin necesidad de volver a tomar aire, y que provengan de las tres zonas del cuerpo que remiten a los sentimientos. Las soluciones están hechas de la transmisión de afirmaciones breves y simples: «Estoy dolido», «estoy muy asustado», «noto como un dolor en el pecho». No hace falta embellecerlas. El poder de la auténtica verdad, dicha con sencillez, nos da todo lo que en realidad nos hace falta.

El cuarto error

No sabes si seguir adelante o romper con una relación, y te mantienes en esa indecisión mientras las demás cosas de la vida se van rompiendo en pedazos

¿Cómo saber que ha llegado el momento de cortar? Kathlyn y yo nos hemos enfrentado a esta pregunta tantas veces, y en tantos países diferentes (en Boston, Berlín, Bombay), que ahora nos referimos a ella simplemente como a *La Pregunta*. Y este es el dilema: si acabo la relación, ¿lo hago siguiendo un modelo que estoy condenado a repetir en otras posibles relaciones? ¿Cómo puedo estar seguro de haber hecho todo lo que estaba en mi mano para salvarla antes de pasar por el dolor y la destrucción de una separación?

Hay una manera de responder esta pregunta, que no implica más de diez segundos y dos preguntas. Ahora bien, se debe tener la valentía suficiente para formularlas, y estar dispuesto a dejar que sea nuestro cuerpo el que las responda. Nuestra mente no es fiable en este tipo de situaciones. La mente es capaz de hacernos entrar en un edificio en llamas para rescatar nuestro par de zapatos favorito, y de hacernos gastar todo nuestro sueldo en un casino. Para saber si queremos acabar con una relación, debemos dejar que sea el cuerpo el que establezca la conversación.

Una vez le pregunté a una mujer que había sufrido

malos tratos: «¿Por qué has vuelto con el hombre que te ha pegado cuatro veces sólo en lo que va de mes?». No entendía que hubiera tomado aquella decisión y, además, temía por su vida.

Me respondió: «Mi cuerpo me gritaba que no volviera, pero pensaba que él quizás estaba mejorando, que tal vez debía darle otra oportunidad. Creía que era lo que tenía que hacer».

En disyuntivas complicadas, como ésta, nuestro cuerpo no es sólo nuestro mejor amigo, a veces es el único. En muchas ocasiones nuestras relaciones sociales se polarizan en torno a dos posturas enfrentadas: los que quieren que no nos separemos y los que quieren que sí lo hagamos. Yo mismo pasé por esto, y me sentí como si estuviera en medio de un campo de batalla. Tras terminar una relación difícil, cuando tenía poco más de veinte años, algunos amigos me dijeron: «No entiendo cómo has tardado tanto en separarte», y otros: «Estás cometiendo un gran error».

A veces a nuestros amigos los mueve la comprensión hacia nuestra situación, pero otras veces lo que los mueve es el miedo. Cuando una pareja se separa, los efectos se dejan sentir en toda la red de amistades, y hace que todo el mundo se formule preguntas comprometidas sobre sus propias relaciones.

Primera pregunta

Lo primero que le pido a la gente que se plantee, no con sólo el intelecto, sino desde lo más profundo de su cuerpo, es:

El dolor de la relación, ¿ha eclipsado o ha eliminado totalmente la posibilidad de mantenerla?

Vayamos ahora a la sala de conferencias, donde se grabó la siguiente conversación. Una mujer de unos cuarenta años y aspecto triste se puso de pie y formuló *La Pregunta*. En la sala se hizo un denso silencio. Creo que todos los allí presentes sabían que lo preguntaba desde la más absoluta sinceridad y por su propia supervivencia. No había duda, sus hombros caídos y los ojos tan abiertos evidenciaban que estaba desesperada y confusa con respecto a qué camino debía seguir.

Veamos cómo, al final, ella misma respondió a la pregunta:

MUJER: Una parte de mí está gritando «sepárate, sepárate, sepárate», pero la otra quiere estar segura de que esa es la decisión correcta. No sé si entiende lo que quiero decir.

YO: Claro que lo entiendo. Yo también he pasado por eso. Y he visto a mucha gente rebelarse contra ello.

MUJER: Entonces, ¿cómo saberlo?

YO: Hay que partir del lugar en el que nos encontramos. Revisar todo nuestro cuerpo y sentir todo lo que sucede en su interior. Hay que ser muy comprensivos y no emitir juicios respecto de nosotros mismos, como si estuviéramos sondeando el interior de nuestro cuerpo.

MUJER: De acuerdo.

YO: ¿Sientes el dolor de la relación tal como es en este momento?

MUJER: Sí.

YO: ¿Y cuáles son las sensaciones que captas?

MUJER: Bueno, me duele mucho el pecho. Tengo el estómago muy tenso, y noto como un hormigueo constante. Además, estoy empezando a tener dolor de cabeza.

YO: ¿Por detrás del cuello y en la cabeza?

MUJER: Sí.

(Hay varios tipos de dolor de cabeza; quería saber de qué naturaleza era el suyo. Si hay tensión o dolor en el cuello y en la parte posterior de la cabeza, es muy posible que se trate de una variación de la contracción muscular, que es en realidad producto del sentimiento de enfado.)

YO: De todas esas sensaciones, ¿cuál es la más fuerte?

MUJER: La del pecho.

YO: Concéntrate en el pecho durante diez segundos. Limítate a sentir esa sensación.

MUJER (cerró los ojos durante unos diez segundos): Presión y pesadez.

YO: Esas sensaciones parten de un lugar que normalmente se relaciona con la tristeza y el anhelo. ¿Sientes aquello que anhelas?

MUJER (se echó a llorar): Es esa sensación especial de cuando nos conocimos. Antes de tener los hijos, antes de las aventuras, antes de que empezara lo de la bebida.

YO: Deja que tu atención se centre en esas sensaciones hasta que notes que se abre un espacio y una corriente a su alrededor.

MUJER (hizo una pausa de unos diez a quince segundos): Ya está.

YO: Ahora quiero que le hagas una pregunta a tu cuerpo. Sintoniza con él y siente el dolor de la relación...; luego siente las posibilidades creativas de la relación. ¿Percibes alguna posibilidad creativa en la relación? ¿O el dolor ha destruido cualquier posibilidad de creación?

MUJER (tras una pausa de diez segundos): No siento que quede ninguna posibilidad.

Siempre acepto la respuesta de la otra persona, sea cual sea, sin ponerla en duda ni preguntarle si está segura. Sé que cabe la posibilidad de que mañana se sienta de otra manera, pero lo importante es aceptar cómo se siente ahora.

La segunda pregunta

Después de que la mujer hubiera sopesado la cantidad de dolor frente a la posibilidad de la separación, ya estaba lista para que le formulara la segunda pregunta:

YO: De acuerdo, ahora tengo que hacerte otra pregunta que debes considerar a partir de tu cuerpo. La pregunta es: *¿Eres capaz de vivir con las consecuencias de separarte ahora mismo?*

MUJER (tras una pausa de diez segundos): No, no lo creo. Al menos hoy por hoy. No me veo con energía suficiente para relacionarme con él como adversario..., no mientras siga asistiendo a la escuela de adultos media jornada y tenga que intentar que mi hijo más joven vaya a la universidad. No creo que tenga fuerza. Quiero ser realista...

YO: Es perfectamente lógico. En este momento, limítate a aceptarte tal como eres. Relájate, es una situación perfectamente aceptable.

En ese momento pensé que también era importante aceptar la respuesta a su segunda pregunta, consciente de que podía cambiar más adelante. La razón y la lógica son fuerzas muy poderosas, pero en primer lugar debemos valorar la sabiduría de nuestro cuerpo. Si nuestra mente lógica se esfuerza por convencer a nuestro cuerpo de separarse o mantener la relación, nos situamos en una tesitura peligrosa. Muchas veces enfrentamos sin necesidad la lógica con los sentimientos, cuando en realidad sólo una unión de ambos sería capaz de sacarnos adelante.

Y en esta situación es cuando se producen dos Milagros en Diez Segundos. El primero, cuando la mujer sintonizó con su cuerpo para sentir si existía alguna posibilidad viva en medio del dolor. Hasta ese instante, dudo que ella se hubiera concedido a sí misma realmente la posibilidad de centrar su atención, libre de juicio, durante esos segundos cruciales, cosa que todos necesitamos hacer. El segundo, cuando se centró en sentir si podría soportar la separación. Es muy importante saber si aún estamos abiertos a las posibilidades de la relación o si estamos posponiendo el momento de la separación. E igualmente importante, saber si tenemos la fuerza necesaria y los recursos para consumar la separación. Hasta que nuestro cuerpo nos da una señal clara, en una dirección o en otra, lo que hacemos es vivir en una especie de limbo que consume toda nuestra energía. Si nos enfrentamos cara a cara con la situación y aceptamos nuestra realidad, lo que hacemos es exigir la devolución de la energía que el limbo nos quita.

Yo he notado este cambio en mi cuerpo muchas veces, y no hay duda de que se trata de algo milagroso.

El quinto error

*Te han hecho daño
y has perdido la confianza*

Yo siempre doy un consejo muy radical: no decir nunca «lo siento» a las personas que nos importan. Puede que suene raro, pero eso es lo que pienso, y quiero explicar por qué. Son muchas (miles) las personas que he visto intentando disculparse por algo que habían hecho. Casi todas empiezan siempre diciendo: «Lo siento», o «lo siento mucho». Después, acompañan su disculpa justificando lo que han hecho. Y por último, la culminan prometiendo no volver a hacerlo más.

Pero nunca, en los treinta años que llevo dedicándome a actividades terapéuticas, he visto que una disculpa o una promesa de mejorar haya producido resultados positivos a largo plazo. Es como una «tirita» que siempre se despega, o una pomada que lo único que hace es empeorar la herida. Por eso yo te propongo un remedio mucho mejor, que sólo tarda diez segundos en aplicarse. Con él, se producen soluciones orgánicas, y el resultado es mucho más saludable que cualquier disculpa.

Por qué no funcionan las disculpas

Hay dos factores que explican por qué normalmente las disculpas no sirven de nada.

En primer lugar, porque pone al que la emite en el

papel de ejecutor y a su interlocutor en el de víctima. Además, encaja la situación en una situación de desigualdad, privándoles a los dos de la posibilidad de asumir la responsabilidad para poner fin por ellos mismos a dicha situación. Dicho de otro modo, si una persona admite que es la ejecutora, elimina la posibilidad de que la otra se plantee de qué manera ha contribuido ella a crear el problema.

En segundo lugar, las disculpas suelen poner «parches» en las relaciones, cubriendo superficialmente el problema en vez de investigarlo con más detenimiento. Es posible que la disculpa aporte una solución a corto plazo, pero la «grieta» volverá a aparecer más tarde, y será peor que antes. Al decir «lo siento» detenemos la exploración justo cuando ésta debería empezar a tomar cuerpo.

Los propósitos de enmienda son una parte importante de la vida. Si se ha producido una herida en la relación, hace falta un ritual para dejar el asunto a un lado y seguir adelante. Por eso es importante no emplear las disculpas para obtener un alivio momentáneo a expensas de dejar de aprender algo importante.

La Solución en Diez Segundos

En lugar de disculparse, hay que buscar un remedio que siga los siguientes pasos:

1. Reconocer realmente lo sucedido.

2. Abrir un espacio para que ambas personas puedan airear cualquier sentimiento en relación con el problema.

3. Asumir la responsabilidad personal de lo sucedido.

4. Plantearse la pregunta: ¿qué puedo aprender de esto?

Ninguno de estos pasos implica más de diez segundos, ni tampoco otorgan a ninguno de los dos el papel de víctima. De hecho, permiten resolver el problema desde la igualdad.

A modo de ejemplo, imagínate que habías quedado para comer a las dos de la tarde y apareces un cuarto de hora más tarde. Si dices «Lo siento» y te sientas, la disculpa te lleva a identificarte como víctima del retraso, interrumpe el proceso de aprendizaje y te priva de una comunicación genuina.

Pruébalo de otro modo:

Me siento.

YO: Soy consciente de que habíamos quedado a las dos y he llegado quince minutos tarde. Estarás pensando que soy un desconsiderado. Reconozco que he roto nuestro acuerdo y lamento las molestias que te haya podido causar.

TÚ: No importa. Pensaba que a lo mejor me había equivocado al anotar la hora. Ya me ha pasado otras veces. ¿Qué te ha pasado?

YO: El tráfico. Me he topado con un embotellamiento impresionante al entrar en el puente... un camión había volcado y estaba toda la carretera llena de repollos.

TÚ: Odio los repollos.

YO: Yo también.

TÚ: Tienes un gusto exquisito.

La clave de esta conversación es que ninguno de los dos ha tenido que deslegitimar al otro. Yo he expresado un temor y una lamentación y he reconocido mi responsabilidad sin ofrecer ninguna excusa. También te he dado la oportunidad de transmitirme tus posibles sentimientos o reacciones. En este caso concreto, tal vez no haya mucho que aprender, salvo el hecho de que debo salir antes para llegar a la hora.
La gran ventaja de este tipo de solución es que abre la puerta a la intimidad. Los dos hemos conectado a un nivel profundo: nuestro mutuo desagrado por los repollos. Muchas amistades para toda la vida se han iniciado sobre bases mucho más insignificantes.

La receta de los Diez Segundos para hacer rectificaciones

Usa el siguiente guión de manera general e improvisa a partir de él. En él se recurre a los puntos clave en que se basa cualquier disculpa efectiva sin tener que utilizar el «lo siento».

Reconozco que no he mantenido nuestro acuerdo [de llegar puntual]. Siento [pesar, tristeza, miedo] por haberlo roto. Estoy abierto a escuchar lo que quieras decirme. También me gustaría hablar contigo de lo que haga falta sobre este tema.

Lo que crea el conflicto es no reconocer la ruptura

del acuerdo y no abrir un espacio para airear los sentimientos que esa ruptura provoca. Mucha gente se apresura a disculparse porque sabe que es una manera de barrer los sentimientos y meterlos debajo de la alfombra. En otras palabras, emplean las disculpas para evitar las cosas que deberían afrontar cara a cara. Pero si abordas directamente los sentimientos, verás que el flujo de energía positiva se restablece rápidamente.

El sexto error

Te empeñas en transmitir
un sentimiento o una verdad difíciles

Evitar las comunicaciones difíciles supone un enorme desperdicio de energía en las relaciones. No decir lo que hay que decir tiene un coste en la intimidad e incluso en el bienestar físico. Quiero compartir aquí una experiencia personal, muy dolorosa, que en mi opinión ilustra bastante bien algunos de los problemas en los que caemos al poner nuestras energías en no decir lo que hay que decir, en lugar de afrontarlo.

Cuando tenía poco más de treinta años, mantuve una relación amorosa con una mujer encantadora a la que llamaré Laura. Pasado un tiempo, me di cuenta de que no estaba interesado en mantener una relación duradera, pero en vez de zanjar la situación abiertamente, seguí viéndome con ella de vez en cuando, dando pie a que creyera que seguía comprometido con ella. Ahora, después de veinte años, creo que lo hice por tres razones: disfrutaba de la comodidad física de su compañía, no tenía a nadie más, y, por último, tenía miedo de cómo reaccionaría si le decía abiertamente que quería dejarlo. Ella, por su parte, le tenía pánico a la idea del abandono («por favor, dime que nunca me abandonarás», era una de sus frases preferidas), y la única vez que intenté decirle la verdad se disgustó tanto que me dio miedo y no seguí.

Así pasaron un par de meses, hasta que conocí a otra mujer por la que me sentí profundamente atraído. Empecé a verme con ella, pero aun así no me atreví a decírselo a Laura. El pensamiento de que *tenía que contárselo* me rondaba por la cabeza cincuenta veces al día, pero no tenía el valor de hacerlo.

Al final, después de malgastar toda la energía en evitar la comunicación, acabé haciéndolo de la peor manera posible. En un viaje que realicé a otra ciudad, al pasar con el coche junto a una cabina telefónica, de repente se me pasó por la cabeza detenerme y llamarla en aquel mismo instante. Frené un poco, pero la «dirección asistida de mi cuerpo» fue más fuerte que yo, por lo que volví a pisar el acelerador y continué mi camino. Una hora después, más o menos, empecé a encontrarme mal, muy mal. Era como si estuviera cogiendo la gripe por momentos; la nariz empezó a moquearme, todas las articulaciones a dolerme, y la cabeza se me embotó. Recuerdo haber pensado que nunca me había puesto enfermo tan rápidamente.

De pronto, me asaltó una duda: ¿yo mismo me estaba poniendo enfermo como castigo por no haber cedido a mi impulso de parar en la cabina telefónica? Aparté aquel pensamiento, diciéndome que aquello era ridículo (todavía no sabía que nuestra mente es capaz de afectar al cuerpo). Me compré un paquete de pañuelos y un antigripal y proseguí el viaje.

Pues bien, las cosas no hicieron sino empeorar. En cuestión de horas, estaba prácticamente incapacitado. Y por si fuera poco, se puso a llover a cántaros, se estropearon los limpiaparabrisas del coche, por increíble que parezca y, al bajarme para intentar arreglarlos, me calé hasta los huesos. Entré en el coche y me quedé un rato sentado, temblando, tosiendo, con los ojos llorosos y la nariz congestionada. Pero, después de todo, al final capté el mensaje.

De pronto comprendí que mi vida iba a seguir así hasta que pusiera fin a la escisión que había en mí. Si intentaba vivir dos vidas, no me iría bien con ninguna de ellas. Como dice la Epístola del apóstol Santiago, «un hombre con una mente doble es inestable en todo lo que hace». Así que me acerqué a una cabina y la llamé.

Tras los saludos de rigor, efectué la *Comunicación Instantánea*.

–Laura, me encuentro muy mal y estoy asustado por tener que decirte esto, y me siento culpable por no habértelo dicho antes, pero estoy muy interesado por otra mujer y no quiero seguir saliendo contigo.

Me había librado de una gran destrucción, y su reacción fue lo último que podría haberme imaginado. Me pareció un milagro, y aún me lo parece, veinticinco años después.

–Gracias –me dijo, empezando a llorar–. Creo que de alguna manera siempre lo he sabido, pero no quería admitirlo.

Estuvimos veinte minutos hablando abiertamente, con calma. Nos dijimos que nos queríamos, y era verdad. La «gripe» que tenía me desapareció en cuestión de horas.

De esta historia, me gustaría destacar un par de aspectos. El primero y el más importante es que cada momento que pasa sin decir lo que debemos decir tiene un coste. Estoy convencido de que mi retraso al efectuar la *Comunicación Instantánea* fue lo que me puso enfermo. Supongo que por aquel entonces era tan torpe que necesité aquella crisis para darme cuenta. También estoy convencido de que decir lo que tenía que decir fue la causa de que mi enfermedad remitiera.

El segundo es que la mayoría de la gente tiene más telepatía de lo que creemos. Laura había captado de inmediato mi duplicidad, pero confiaba tan poco en su intuición que la había ignorado. No digo que las intuiciones siempre sean acertadas (muchas veces, lo que nos parece intuición no es más que un miedo encubierto). A mí me llevó años aprender a discriminar los miedos y las proyecciones que interferían en mi intuición. Pero una vez que supe acceder a la pura intuición, ésta se convirtió en una de mis mejores amigas, y creo que puede llegar a serlo de todo el mundo, siempre que se centre la atención en ellas.

Con los años he tenido muchas ocasiones de trabajar con bastante gente para ayudarla a transmitir informaciones esenciales.

En una de ellas, le pregunté a los dos miembros de una pareja (él era abogado, ella bibliotecaria) si tenían algún secreto que hubieran estado ocultándose el uno al otro. Y me quedé sin habla al oír cómo iban revelando aventura tras aventura, hasta un total de catorce, incluida una experiencia sexual que ella había tenido dos horas antes de casarse, con el padrino de bodas. Para ser sincero, esperaba que después de aquella enorme descarga de verdades se produjera el desastre. Sin embargo, aparecieron en la siguiente sesión y renovaron su compromiso mutuo de manera conmovedora.

En otra, escuché cómo una mujer de aspecto dulce dijo: «Yo maté a mi madre». Y lo decía de verdad, ya que la ayudó a tomarse un frasco entero de somníferos para acabar con su cáncer terminal. Aquella mujer había arrastrado durante años la culpabilidad de aquellos hechos, y yo vi cómo se fue derritiendo en su cuerpo cuando asumió su acción compasiva y se perdonó por ella.

Pues bien, a partir de este tipo de experiencias, he llegado a la conclusión de que es mucho mejor decir la verdad que no decirla, y mucho mejor decirla cuanto antes que posponerla. Pero, si se desean obtener los máximos beneficios curativos, hay que saber hacerlo bien. Por lo tanto, a continuación voy a revelar las reglas que a mí me han resultado útiles a la hora de ayudar a la gente a transmitir informaciones difíciles y fundamentales. Es posible que no todas se ajusten a cada caso en particular, pero quiero que sepas que han pasado la prueba de la eficacia en el mundo real de las relaciones personales. Están pensadas para evitar los errores de bulto que solemos cometer cuando estamos bajo presión.

Regla 1

Asumir la responsabilidad no sólo de decir la verdad, por difícil que resulte, sino de asegurarse de que los demás van a escucharla como deseamos.

Si queremos que nos escuchen, debemos escoger un momento en el que la otra persona pueda prestar total atención a lo que estamos diciéndole. Yo he tardado media vida en darme cuenta de este hecho tan simple; la comunicación sólo se produce cuando la otra persona entiende lo que le estamos diciendo. La mejor manera de saber si el interlocutor está dispuesto a escuchar es, sencillamente, preguntándoselo.

Además, hay que ser hábil con la elección del momento.

Por lo tanto, confesar una aventura extramatrimonial mientras nuestro/a cónyuge va conduciendo por la autopista a 120 kilómetros por hora, no es lo más adecuado. Y no usaría este ejemplo si no me lo hubieran contado en mi consulta.

El Paso: *«Quiero hablar contigo de algo. ¿Ahora es un buen momento? ¿Estás dispuesto/a a prestarme total atención?».*

Si la respuesta es afirmativa, adelante. De lo contrario, mejor detenerse e intentarlo en otro momento.

Regla 2

Si aún no estamos comprometidos con la honestidad y la autenticidad de la relación, es mejor adquirir ese compromiso antes de revelar una verdad difícil.

Uno de los primeros compromisos mutuos que adquirimos mi esposa y yo fue el de ser absolutamente honestos el uno con el otro. Acordamos decirnos y escuchar siempre la verdad, fueran cuales fueran los inconvenientes que de ella se derivaran o los efectos que produjera. Posiblemente, a aquel acuerdo llegamos a través de la conversación más importante de nuestra vida, que nos salvó de réplicas posteriores como éstas:

«¿Y era imprescindible que me lo dijeras?».

«¿Por qué tenías que decírmelo ahora?»

«¿Es que no ves que tengo mucho trabajo?»

Una de las razones principales de que la gente se niegue la verdad (y se la oculte) es porque quieren proteger una imagen de sí mismos o de la relación. Por eso, cuando la realidad de sus sentimientos entra en conflicto con la imagen de lo que se supone que deberían sentir, a menudo prefieren sacrificar la realidad para proteger su fantasía. Un camino peligroso. Kathlyn y yo decidimos recorrer una senda radical: al llegar al acuerdo de que nada, ni siquiera la imagen de nosotros mismos o de nuestro matrimonio era más importante que decir y escuchar la verdad, nos abrimos a sentimientos dolorosos que mucha gente mantiene cerrados. Sin embargo, esa manera de abrirnos a la realidad, nos ha permitido construir unos cimientos sólidos que no han hecho otra cosa que seguir fortaleciéndose a lo largo de casi veinte años.

El Paso: «*Quiero mantener una relación contigo en la que seamos absolutamente sinceros el uno con el otro, en la que estemos dispuestos a decir la verdad y a escucharla. ¿Estás dispuesto/a a comprometerte en esto conmigo?*».

Si se obtiene una respuesta afirmativa, entonces es el momento de hacer una breve investigación anímica, respondiendo sinceramente a las siguientes preguntas:

¿Estoy interesado en comunicarme claramente para mantener una relación armoniosa?

O bien:

¿Estoy intentando demostrar que tengo razón en algún aspecto?

Mucha gente está menos interesada en comunicarse, que en demostrar cosas como:

No me entiendes.

Nada de lo que hago te gusta.

Esta relación está condenada al fracaso.

Dicho de otro modo, se comunican a partir de unos puntos previos que quieren confirmar, y no a partir de la claridad, la comprensión y la armonía. Pero después de practicarlo yo mismo durante un tiempo, empecé a recomendarles a mis clientes que hicieran lo mismo. Les pedí que se fijaran en la intención subyacente de cada frase que pronunciaran. Si lo haces, te sorprenderá descubrir la gran cantidad de cosas que decimos no encaminadas a generar armonía. Para mí fue un baño de humildad darme cuenta de que más de la mitad de las cosas que decía respondían a propósitos de los que ni yo mismo era consciente. Tuve que pasar más o menos un año controlando mis palabras antes de poder estar razonablemente seguro de que con ellas pretendía establecer una comunicación clara y genuina.

El Paso: Respira hondo y hazte a ti mismo una pregunta directa: *¿Estoy haciendo esto para comunicar o para tener razón?*

Si puedes responder sinceramente que tu intención es comunicar, realiza la *Comunicación Instantánea* que haga falta. Sabrás que la habrás dicho, si después experimentas unas buenas sensaciones orgánicas. Pero si no has dicho lo que tenías que decir, te sentirás abatido, sin energía, irritado o bloqueado. En ese caso, vuélvelo a intentar.

El séptimo error

Te estancas en una relación
carente de compromiso porque no sabes
cómo pedirlo o asumirlo

En las relaciones, nada es posible sin compromiso. Como ya he dicho anteriormente, todos los problemas de relaciones son, en el fondo, problemas de compromiso. Éstos (ya se trate de compromisos incumplidos o que nunca llegaron a plantearse) siempre se encuentran bajo un montón de escombros en cualquier desastre que tenga lugar en la relación.

Pocas veces una palabra ha sido tan malinterpretada. La mayoría de la gente se aleja de ella con temor o la ve como una carga. En algunas lenguas, *compromiso* tiene también la connotación de *carga, deber, obligación*.

Aquí debemos partir de cero, con una comprensión renovada de lo que es realmente el compromiso:

Cuando el compromiso funciona, la gente nunca lo siente como una carga o una obligación. No se trata de un yugo que nos sujeta el cuello, sino de una roca puesta bajo nuestros pies. No es un arma que apunta a la cabeza, sino una fuente de energía que se pone en marcha al apuntar nuestros recursos hacia el punto seleccionado.

Cuando el compromiso funciona de verdad, la gente lo siente como un espacio abierto a través del cual puede expresar todo su potencial.

En su mejor sentido, el compromiso se siente como una celebración que da vida a cada momento, como la ligereza de espíritu que nace de tener todas las células del cuerpo alineadas tras una meta digna, sin sentirnos aplastados por la carga del deber.

Los secretos

Aunque hay tres secretos extraordinariamente sencillos para alcanzar el compromiso, a mucha gente les resulta imposible dominarlos. Para conseguir que los demás se comprometan, debemos:

1. Comprometernos nosotros mismos, para que nuestro ejemplo inspire compromiso en los demás.

2. Pedir directamente lo que queremos.

3. Observar la reacción del otro y comentarla.

Veamos cómo funciona.

Supón que has estado saliendo con alguien durante un año y quieres casarte. El primer paso es asegurarse de que estás preparado para asumir tú mismo ese compromiso. En caso afirmativo, entonces debes proporcionarte un espacio abierto para recibir el compromiso. Es decir, tienes que hacerte «comprometible». Eso tal vez suponga liberarse de todas las barreras autoimpuestas, como nuestras creencias restrictivas. Mucha gente, por ejemplo, tiene la creencia de que no vale lo suficiente como para que alguien se comprometa con ella, y no desea comprometerse con nadie que esté dispuesto a comprometerse con alguien como ella. A la hora de mantener a la gente lejos de cualquier compromiso, esta creencia es mucho más eficaz que cualquier repelente fétido.

Por lo tanto, el primer paso consiste en asegurarte de que estás completamente dispuesto a participar en una relación basada en el compromiso. Ármate de valor y mira la situación cara a cara: «El hecho de que no esté manteniendo una relación de compromiso quiere decir que no estoy abierto a ella, aunque no entiendo bien por qué. Estoy dispuesto a averiguar qué hago, pienso o creo para impedir mantener una relación de compromiso». Cuando tenemos el valor de enfrentarnos sinceramente a nosotros mismos, empiezan a ocurrir cosas extraordinarias. Yo he tenido el privilegio de presenciar cómo mucha gente lo hacía por primera vez, y te aseguro que es algo mágico.

Una vez derribadas las barreras internas que impiden el compromiso, te encontrarás ante el segundo obstáculo: preguntar. Todos sabemos lo difícil que es. Recuerdo que de pequeño, me pasé toda una tarde bochornosa de verano con mi tío Bob, viajando sin rumbo sólo porque él no quiso preguntar cuál era el camino correcto. Pero cuanto más nos desesperábamos mi tía Audrey y nosotros, los pequeños, más se negaba a hacerlo, ya que según él, preguntar cómo se llegaba a un sitio era una señal de poca hombría, algo así como si un torero saliera del ruedo alegando que se le había caído el capote. Qué fácil habría sido parar en una gasolinera y preguntar: «¿Cómo se llega a la feria?». ¡Qué poco imaginaba que su testarudez habría de hacerle merecedor de un espacio poco honorable en un libro sobre relaciones personales!

Pero volvamos al ejemplo. Supón que eres capaz de abrirte al compromiso, de hacerte digno de que alguien se comprometa contigo. Supón también que estás dispuesto a pedir lo que quieres. Respiras hondo y dices: «Quiero una relación contigo basada en el compromiso que implique matrimonio». Los diez segundos posteriores a tu petición te dirán lo que debes saber.

En esos diez segundos la otra persona te dirá si existe alguna barrera que le impida aceptar el compromiso. Tu tarea consiste entonces en decir lo que ves, no en interpretarlo. De hecho, si evitas hacer interpretaciones, los milagros empezarán a suceder.

Lo que quiero decir es esto, y te lo voy a exponer a partir de un ejemplo extraído de una sesión en mi consulta:

TÚ: Quiero una relación basada en el compromiso que nos lleve al matrimonio en el plazo de un año.

TU PAREJA (entrecruza los brazos, arquea las cejas, se rasca la cabeza): Bueno, parece que la cosa va en serio.

TÚ: Veo que has cruzado los brazos y has arqueado las cejas cuando te he dicho lo que quería. Y veo que no has dicho ni sí ni no.

Tu pareja ha dado un paso a la defensiva, pero eso no implica que tú debas darlo también. Si te limitas a comentarlo, sin interpretar su posible significado, enseguida pasarán cosas mágicas. Son pocos los que llegan a ver la magia, porque pasan rápidamente a una postura defensiva, basada en una interpretación gratuita.

Pero veamos qué sucede normalmente cuando la gente se pone a hacer sus propias interpretaciones sobre la reacción del otro:

TÚ: Quiero una relación basada...

TU PAREJA (entrecruza los brazos...): Bueno, parece que la cosa va en serio.

TÚ: ¿Ves? Nunca te has comprometido con nada en toda tu triste vida. Mírate, tienes la ocasión de unirte a una persona maravillosa como yo, y sales corriendo.

Si consigues evitar la interpretación en los diez segundos cruciales en los que la ventana de la oportunidad permanece abierta, después de la reacción de la otra persona, los milagros aún podrán producirse.

Vayamos más allá con el ejemplo:

TU PAREJA (entrecruza los brazos...): Bueno, parece que la cosa va en serio.

TÚ: Veo que has cruzado los brazos y has arqueado las cejas cuando te he dicho lo que quería. Y veo que no has dicho ni sí ni no.

TU PAREJA (permanece en silencio varios segundos): Tengo miedo.

TÚ: Yo también. ¿De qué tienes miedo?

TU PAREJA: De volver a sufrir.

TÚ: Ah. A mí también me da miedo. Pero creo que si no me arriesgo a comprometerme, me quedaré siempre con ese temor.

TU PAREJA: Tienes razón. Venga, vamos a intentarlo.

Al reprimir tu interpretación, al hablar de lo que es real (los brazos entrecruzados, el entrecejo fruncido) has creado un espacio abierto en el que los milagros pueden hacer su aparición. Si te lanzas a la interpretación, llenas ese espacio abierto de viejos patrones. El espacio se llena, la ventana se cierra y el carrusel sigue girando. Si te arriesgas a ser el creador de los milagros, el que abre los espacios en vez de llenarlos de viejos patrones, conseguirás que los milagros se produzcan en cadena.

TERCERA PARTE

SOLUCIONES A LOS PROBLEMAS DE LAS RELACIONES DE LARGA DURACIÓN

El cuarto milagro

*No dejar que el pasado interfiera
en el presente*

Para muchos de nosotros, el pasado parece ser un espacio inmenso e inquietante que siempre está al acecho. Todos tenemos experiencias de pérdidas dolorosas de algún tipo. A veces cuesta creer que alguna vez podamos llegar a liberarnos de la carga del pasado. Muchos parecemos estar permanentemente humillados ante él, lo vemos como algo superior a nosotros, somos sus víctimas. Lo sé porque yo también me he sentido así, aunque descubrí un secreto que me cambió la vida. Tal vez te resulte difícil creer en él, pero si lo haces, tu vida cambiará en un abrir y cerrar de ojos.

El secreto: el pasado no existe.

No hay pasado. El pasado es mentira.

No obstante, sí que hay algo cierto sobre el pasado, algo profundamente cierto, y una vez que lo hayas comprendido, el dolor empezará a derretirse en tu cuerpo.

Lo cierto es que somos nosotros los que le damos vida en nuestro cuerpo. El pasado vive en el presente cuando soportamos emociones que no aceptamos por aquel entonces. Al vernos afectados por sentimientos desencadenados a causa de sucesos que se produjeron hace mucho tiempo, lo que hacemos es crear el pasado en nuestro cuerpo en ese instante. El pasado es mentira, pero la opresión que sentimos en el pecho es real. Por lo tanto, olvídate del pasado, no vuelvas a pensar en él, y concéntrate en la realidad de tu cuerpo. El legado doloroso de las heridas pasadas empezará a desvanecerse a partir del momento en que te enfrentes y sientas lo real.

Hay una razón que explica por qué el pasado se nos hace grande. Es porque lo mantenemos a distancia. Y la energía que gastamos al resistirnos a él nos resta fuerzas. El pasado se desinfla desde el momento en que lo miramos cara a cara y sentimos totalmente sus emociones residuales. Una vez que afrontamos nuestros sentimientos y los asumimos plenamente, dejamos de preocuparnos por él. Pero la mayoría de las veces pasan años antes de que nos decidamos a enfrentarnos y a asumir algunos hechos del pasado, aunque cuando damos el paso, sanamos casi de inmediato. Nunca he visto que tardara más de diez segundos.

La regla del cuarto milagro

La Regla: *A partir del momento en que nos enfrentamos a los sentimientos del pasado, liberamos el cuerpo y la mente de sus efectos.*

Si sentimos lo que es real, nos curamos.

Por ejemplo, alguien puede sentirse herido porque un amor verdadero le rechazó hace quince años. Para curar esa herida, hay que enfrentarse a lo que pasó y a todo lo que hoy sentimos al respecto. Yo he presenciado cientos de veces en mi consulta el momento en que la gente asumía tales hechos y sentimientos, y eso me permite afirmar que no se tarda más de diez segundos en hacerlo, siempre que se esté dispuesto a afrontar el tema sin vacilar.

Busca lo que tengas que sentir en las tres zonas básicas del cuerpo. Cuando se afronta un hecho del pasado, la zona del cuerpo que se ve más afectada se paraliza, se acelera o se tensa. Si hay que enfrentarse al rechazo de aquella persona amada, es muy posible que se sienta un nudo en la garganta o una opresión en el pecho. Quizá también empiece a surgir un punto de enfado, o un cosquilleo desagradable de miedo en el estómago. Pero al afrontar directamente el tema, lo que se hace es acoger la parte real de éste en la conciencia física. Y eso es bueno, porque hay que ser consciente de ello antes de poder liberarse.

No se tarda más de diez segundos en afrontarlo y sentirlo. De hecho, de lo único que se trata es de centrar la atención en las sensaciones reales del pasado –el peso de esa carencia, la tensión de ese enfado– durante el tiempo suficiente como para notar que las sensaciones empiezan a cambiar de rumbo, algo que se consigue con diez segundos de concentración.

La Pregunta Clave

Formula ahora mismo la Pregunta Clave:

¿Qué parte del pasado, a la que no me he enfrentado directamente, arrastro conmigo?

Si te giras y la afrontas durante diez segundos, quedarás libre. Desde el mismo instante en que uno se enfrenta abiertamente a lo que se arrastra, se deshace de su carga. Si un gorila de verdad nos estuviera persiguiendo calle abajo, asumirlo plenamente tal vez nos ayudara, pero no nos liberaría de él. El pasado no es como ese gorila. El pasado es un gorila que vive en nuestra mente. Desde el mismo instante que asumimos la responsabilidad plena y saludable de algo que sucedió en el pasado, nuestro cuerpo empieza a liberarse, también en este mismo instante. Hasta que eso no sucede, el pasado sigue corriendo tras nosotros y a veces consigue arruinarnos la vida.

Veamos un ejemplo. Durante mis primeras relaciones,

me preocupaba mucho el tema de la separación, del abandono. Pasé mucho tiempo sin saber que tenía un problema inconsciente con el tema del abandono. Simplemente, pensaba que lo mío era mala suerte y que por eso las mujeres siempre acababan abandonándome. Al final, construí una coraza («no intimaré con nadie») en torno al delicado tema del abandono. Seguramente esa fue la única solución que encontró mi inconsciente para protegerme del dolor; así que se dijo a sí mismo que si evitaba relacionarme estrechamente con nadie, no habría el peligro de que alguien me abandonara.

Pero un día, cuando tenía poco más de treinta años, desperté de aquel sueño y me di cuenta de que lo que estaba haciendo era alejar a las mujeres de mi lado para que éstas no pudieran abandonarme. Al mantenerlas a distancia, yo era el que tenía el control. Y también me di cuenta de que todo aquello tenía que ver con el hecho de que mi madre nos abandonara cuando yo era muy pequeño. Por instinto de supervivencia, supongo que este hecho se convirtió en una fijación para mí, y durante la adolescencia y la edad adulta lo reproducía una y otra vez. La vida –creía yo– era así. Nos acercamos a alguien y entonces nos abandona.

Pero ahora viene lo mejor: aquello no cambió hasta que asumí su responsabilidad en el presente. Aunque no entendía todos los detalles, me planté y dije: «Yo soy la causa de la falta de intimidad que hay en mi vida». Me atribuí la responsabilidad de todas las consecuencias posibles:

«Yo soy la causa de que las mujeres me abandonen».

«Yo soy la causa que provoca la distancia emocional.»

«Yo soy la causa de mi miedo al abandono.»

A medida que hacía esto, el miedo se me fue desvaneciendo en el cuerpo. Mi vida amorosa dio un giro de noventa grados. El miedo al abandono y a la intimidad desapareció rápidamente, y obtuve un beneficio inmediato: antes de tomar aquella decisión, siempre había tenido la tendencia a comer compulsivamente cuando algún ser querido tenía que ausentarse, aunque sólo fuera un día. De pronto, aquello me desapareció, y no fue ese el único cambio.

Todos nos enfrentamos a la siguiente paradoja: ¿cómo podemos atribuirnos la responsabilidad de algo que no hicimos? En el fondo, yo no provoqué la marcha de mi madre. Uno no es el culpable de que su padre beba, o de que su hermano abuse de él, o de cualquiera de los cientos de sucesos que conforman nuestras vidas antes de que tengamos la capacidad de pensar con claridad. Existe una respuesta lógica a esta paradoja, y te la revelaré en un instante. Pero los aspectos lógicos, por interesantes que sean, son ajenos al problema.

El paso que debemos dar para curarnos consiste en asumir la plena responsabilidad en cualquier aspecto de una relación, *simplemente por la alegría y el poder que obtenemos de ello*. Y recuerda, no he dicho que uno deba echarse la culpa ni llevar la carga de la responsabilidad, ya que la verdadera responsabilidad se asume como una celebración de libertad y no como culpa o como carga.

Aquí es donde encaja la solución lógica a dicha paradoja. A pesar de que con toda probablilidad no hayamos sido la causa del hecho original, sí lo somos de mantenerlo con vida en nuestra vida presente. Pero de nuevo, se trata de algo ajeno al problema, ya que la vida no cambia hasta que nosotros mismos nos responsabilizamos de ella. Aunque un juez y un tribunal popular le digan a un criminal que él es el responsable de sus crímenes, su vida no cambiará mientras no asuma esa responsabilidad. Al principio de mi carrera profesional trabajé con muchos presos, y por eso sé que lo primero que se aprende en la cárcel es que casi todos los internos piensan que están ahí por error. De hecho, muy pocos asumen la responsabilidad de estar encerrados, por lo que casi todos se inventan historias increíbles para explicar por qué han acabado con sus huesos allí. Los detalles cambian, pero el argumento principal siempre es el mismo: que los han engañado, que aunque fueran ellos los que asaltaron la tienda y mataran al empleado y a algún cliente en la huida, todo fue culpa de otro. Evidentemente, esa manera de pensar es la que los ha llevado a la cárcel. Y esta misma razón es la que hace que los demás estemos prisioneros en otro tipo de cárceles.

Pero salir es fácil. Lo único que hay que hacer es asumir la responsabilidad de cualquier cosa que nos preocupe. Asumirla sin motivo, sin esperar antes a que suceda algo. Como dice un conocido anuncio publicitario de calzado deportivo, *Just do it*:*

«Yo soy la causa de no sentirme realizado/a en mi matrimonio».

«Yo soy la causa de mi depresión.»

«Yo soy la causa de mis problemas de peso.»

«Yo soy la causa de mis alergias.»

Fijémonos que estas afirmaciones se pueden hacer en menos de diez segundos, y que la mayoría no necesitan

---

* Simplemente, hazlo. *(N. del T.)*

más de tres o cuatro. Yo he tenido el privilegio de oírselas pronunciar a personas reales, y siempre me ha conmovido ver cómo después de hacerlo sus vidas cambiaban rápidamente. En cada caso, la persona asumía la responsabilidad (sin más motivo que el puro gozo de hacerlo así) de algo de lo que había estado quejándose durante años. Y en todos, la preocupación desaparecía, en ocasiones con tal rapidez que costaba creerlo.

Nunca olvidaré la primera vez que vi este milagro en acción. Cuando te lo explique, creo que entenderás perfectamente por qué me pareció tan peculiar. En 1974, yo apenas estaba empezando mi labor como profesor en el departamento de Psicología de la Universidad de Colorado. Uno de mis alumnos de posgrado me preguntó si podía hablarme de un tema que, según él «le perturbaba». Nos sentamos en la cafetería de la Facultad para mantener una charla que yo creía iba a versar sobre algún aspecto burocrático. Pero resultó que aquel joven estaba obsesionado por un asunto muy particular: la nariz de su novia.

Me dijo que odiaba la forma de la nariz de su novia, que la había odiado desde el momento en que la vio por primera vez, y que últimamente pensaba en ella noche y día. La expresión de su rostro mientras me contaba aquello era tan sincera, que reprimí el impulso de decirle: «Estás de guasa». El caso es que yo conocía muy bien a su novia, porque era alumna mía en dos asignaturas, a una de las cuales también asistía él. De hecho, en aquel mismo instante la estaba viendo, ya que estaba sentada en la cafetería, unas mesas más allá, y en mi opinión, no había nada fuera de lo corriente en su nariz. Entonces le pregunté:

—¿Quieres resolver este problema ahora mismo? —Él asintió, agradecido—. Pues bien, no tiene nada que ver con la nariz de ella. Olvídate de la nariz. Asume ahora mismo la responsabilidad de lo que provoca que te estés obsesionando con esto. ¿En qué sentido tiene que ver contigo?

Aquella fue una de las pocas veces en mi vida en que he visto literalmente cómo a alguien se le desencaja la mandíbula.

A continuación dijo:

—Odio mi nariz. Siempre la he odiado. Y no me había dado cuenta hasta este momento.

—¿Y qué es lo que odias de tu nariz?

Sonrió con alivio.

—Su forma.

Se la miré detenidamente. Era un poco aguileña, pero nada exagerado.

—Bueno —le dije—. ¡Bienvenido al club! A mí tampoco me vuelve loco la mía. Siempre me ha parecido demasiado grande. ¿Hay algún otro motivo por el que le sigas encontrando algún defecto a tu novia?

Movió la cabeza y susurró:

—Quiere que nos casemos. Supongo que estoy buscando alguna excusa para no hacerlo.

—¿Y por qué no asumes la responsabilidad de no querer casarte? Así dejarías de fijarte en su nariz.

Sonrió y se puso de pie.

—Gracias.

Una semana después, al terminar la clase se me acercó y me dijo que la obsesión con la nariz había cesado por completo. También me contó que él y su novia se habían reído un buen rato cuando le contó nuestra conversación. ¿Y qué había pasado con lo de que él no quisiera casarse? Pues que ella le respondió: «¿Es que te crees que no me había dado cuenta?». Todo había vuelto a la normalidad, y siguió así hasta el final del curso, cuando perdí el contacto con ellos.

Ahora volvamos a los sentimientos.

Lo que nos preocupa realmente es el hecho de que los sentimientos del pasado se introduzcan en el presente. Estamos con nuestra pareja cenando en un restaurante cuando, de repente, nos vemos traspasados por un sentimiento que viene de muy atrás. Nos quedamos atrapados en un conflicto que es idéntico al de hace una hora o hace diez años. Nuestro cuerpo está en el presente, pero todo lo demás se ha quedado preso de un viejo drama del pasado.

Casi siempre, el intruso inoportuno es un sentimiento: ira, tristeza, miedo. De pronto, ahí está, en nuestro cuerpo. ¿Qué va a pasar?

Un problema universal con los sentimientos

Las personas les tenemos miedo a unos sentimientos y somos adictos a otros. Les tenemos miedo a nuestros propios sentimientos y a los de los demás. Con frecuencia, veo a la gente cometer el mismo error, cuando el problema podría resolverse en menos de diez segundos.

El error es el siguiente: surge un sentimiento que hay que afrontar, pero en lugar de hacerlo directamente, se ignora, no se le da importancia, se cambia de tema o se intenta «arreglarlo». Ahora bien, cuando nos arredramos ante los sentimientos, estamos rompiendo una de las reglas fundamentales de la vida:

La Regla del Sentimiento

Siempre que surjan los sentimientos, afróntalos directamente, pero no intentes hacer nada con ellos. Es decir, no intentes arreglarlos, ni discutir de ellos con nadie, y en ese nadie inclúyete también a ti.

Acepta siempre tus sentimientos para ti mismo, y sólo habla de ellos con las personas con las que desees sentirte más unido.

A continuación te mostraré una violación de la Regla del Sentimiento para que te preguntes cuántas veces te ha sucedido lo mismo:

TÚ: Creo que mañana voy a suspender el examen de agente de la propiedad.

COMPAÑERO: ¡Oh! Ya verás, te saldrá bien.

Seguro que la otra persona tiene buenas intenciones cuando intenta tranquilizarte, pero esconder el sentimiento debajo de la alfombra siempre tiene efectos negativos en las relaciones. En las cintas de vídeo que he grabado, he visto cientos de veces este tipo de situación, y casi siempre acaba generando distancia y destrucción. Los sentimientos no se pueden ignorar, ni arreglar; sencillamente, hay que valorarlos, atenderlos, y respirar con ellos. En pocas palabras, *a los sentimientos hay que concederles algunos segundos de espacio para que puedan respirar.* No suelen necesitar nada más para empezar a resolverse por sí mismos.

Con los sentimientos no hay que *hacer* nada. Además, no podríamos aunque quisiéramos. Los sentimientos son como las tormentas; tienen un principio, un desarrollo y un final. Mucha gente los ignora porque cree que si les hace caso, deberá hacer algo con ellos. Creemos erróneamente que, si sentimos nuestra tristeza, nos quedaremos para siempre atrapados en ella, o que, si reconocemos nuestro enfado, es porque hay algo en nosotros que no funciona bien.

Las relaciones crecen o se erosionan dependiendo de cómo abordemos el momento del sentimiento.

A continuación te voy a mostrar otra violación de la Regla del Sentimiento, seguida de un ejemplo en el que ésta se aplica correctamente:

TÚ: Hola, John, ¿Cómo estás?

COMPAÑERO: Cansado. Llevo levantado desde las tres por la niña. Le están saliendo los dientes.

TÚ: Te acompaño para que te tomes un café, a ver si te despejas.

Aunque ofrecer un café a una persona que está cansada puede parecer un gesto de apoyo, no es una solución sabia, a menos que primero vayamos directamente al sentimiento, cosa que podría hacerse de este modo:

COMPAÑERO: Cansado. Llevo levantado desde las tres...

TÚ: Debe ser agotador. Y frustrante.

COMPAÑERO: Sí, muy frustrante.

TÚ: ¿Te puedo ayudar en algo?

Las personas casi nunca aceptan los ofrecimientos de ayuda. Lo que necesitan es que se reconozcan sus sentimientos. Por eso, aunque no deseen que se les ayude de manera tangible, tenderles la mano y escucharlos hace que se sientan bien. Normalmente, compartir los sentimientos de los demás no lleva más de diez segundos. De hecho, en el ejemplo que acabo de exponer, la conversación no dura sino unos pocos segundos. Un tiempo que siempre está bien invertido. Por lo que he podido ver en los vídeos, los milagros aparecen sistemáticamente. Lo que hay que hacer es afrontar de forma directa el sentimiento; sólo así se consigue dejarlo atrás. De lo contrario, normalmente volverá a perseguirnos más adelante.

No bajar nunca la guardia con estos cuatro sentimientos

Sólo hay cuatro sentimientos que tienen un papel fundamental en la comunicación diaria: el anhelo, el miedo, la ira y la tristeza. Si consigues tratarlos con eficacia cuando aparezcan, tu vida cambiará radicalmente.

Los sentimientos sexuales son algo aparte. Aunque no suele ser muy recomendable comunicarlos directamente, siempre hay que transmitirlos de forma telepática. Reconocerlos en nosotros mismos o en la otra persona. Y la mejor manera de abordarlos, es simplemente identificándose con ellos. En una ocasión, asesoré a un joven que sentía una fuerte atracción sexual por una mujer que trabajaba con él. El problema radicaba en que además de ser su jefa, estaba casada y era ocho años mayor que él. Había muchas razones para no abordar el tema directamente con ella.

Por lo tanto, lo primero que hice fue invitarle a dar el Primer Paso Milagroso con sus sentimientos sexuales:

—Centra tu atención, sin juzgar, en las sensaciones de tu atracción sexual, tal como las sientes en este momento.

—¡Están por todas partes! —exclamó.

—Manténte junto a ellas, estén donde estén.

Tras centrarse en sus sentimientos unos segundos, se dio cuenta de que en realidad no estaban por todas partes. Más bien se concentraban en la zona que va de la barriga a las rodillas. Cuando las hubo localizado en un lugar concreto de su cuerpo, se sintió más tranquilo. Suele pasar; antes de limitar nuestras sensaciones a una zona específica del cuerpo, tendemos a percibirlas como enormes, ilimitadas, universales. Pero cuando las circunscribimos y nos identificamos con ellas, vemos que son más manejables y más fáciles de abordar.

Unos minutos después surgió otro factor esencial: su jefa se parecía mucho a su hermana mayor. Era alta y morena y mantenía una actitud crítica hacia él. Me dijo que todas aquellas características le recordaban a su hermana. Estábamos entrando en un territorio tabú. Necesitaba concederse el permiso de identificarse con los sentimientos sexuales que le despertaba su hermana. Era algo que llevaba más de diez años ocultando. Pero el Milagro se puso en marcha de nuevo. Al permitirse a sí mismo la identificación con unos sentimientos que mantenía sellados desde hacía tanto tiempo, se relajó de tal manera que se quedó dormido en la silla del consultorio. Como tenía otra visita, tuve que despertarlo. El Milagro siguió funcionando: no sólo perdió el interés sexual en su jefa, sino que su relación con su hermana, su cuñado y los hijos de éstos mejoró sustancialmente.

Conclusión: identificarse con los propios sentimientos siempre es un buen paso. Comunicarlos en voz alta, no. De hecho, hay que ser muy selectivo a la hora de hablar de nuestros sentimientos. Antes de hacerlo, debes plantearte la siguiente pregunta: «¿Cabe la posibilidad de que esta persona vaya a recibir bien mis sentimientos?». Siempre les aconsejo a mis pacientes contar al menos con tres amigos con los que se sientan completamente seguros al hablar de algo, y a los que puedan escuchar de la misma manera. Normalmente no hace falta tener treinta amigos íntimos, pero sí unos pocos. Si ya los tienes, perfecto. De lo contrario, ponte manos a la obra.

Cómo hacerlo

Identificarse con los sentimientos es sencillo: sólo hay que detenerse y sentir las sensaciones corporales respirando profundamente tres veces.

Eso suele bastar para impedir que éstas se conviertan en algo molesto, un dolor de cabeza o molestias digestivas.

Si uno está enfadado, debe notar la tensión en la espalda, los hombros y las mandíbulas.

Si uno siente tristeza o anhelo, debe notar el nudo en la garganta, la opresión en el pecho, las lágrimas en los ojos.

Si se siente miedo, hay que notar el hormigueo y el «puño cerrado» en el estómago.

Normalmente, el momento del sentimiento pasa de largo porque no sabemos qué hacer con él. Pero en cuanto le prestamos atención, nos damos cuenta de que ya lo hemos sentido otras veces, tanto en nosotros mismos como en nuestras relaciones.

Solos y en compañía

Hay dos tipos de momentos de sentimiento que debemos aprender a abordar: cuando estamos solos y cuando estamos en compañía de otras personas.

El primer momento del sentimiento

Primero, veamos qué ocurre con el momento del sentimiento cuando no hay nadie más con nosotros.

La situación

Te encuentras solo, sentado, en casa o en la oficina. Hace poco estabas acompañado, hablando con alguien, pero ahora te has quedado solo. De pronto te das cuenta de que estás un poco «descentrado». Hay una sensación de incomodidad, de tensión en tu cuerpo.

Estás experimentando un momento de sentimiento. Te ves sujeto a un sentimiento que hay que explorar. *Lo que hagas en los siguientes diez segundos puede cambiarte la vida, incluso destruirla.* Cuando a mí se me presentaban estos momentos, atacaba todo lo que tuviera en la nevera. Me acuerdo perfectamente de cuando estaba solo en casa después de volver del colegio. El sentimiento de soledad crecía y crecía hasta que no podía soportarlo más, y entonces empezaba a comer para ahuyentarlo. Pero nunca se iba; se quedaba en el fondo, debajo de aquella otra sensación de empacho.

El segundo momento del sentimiento

Otro importante momento del sentimiento se produce cuando se está en compañía de otras personas.

La situación

Estás hablando con alguien importante en tu vida. Notas que entre los dos hay cierta tensión, y le preguntas: «¿Qué pasa? ¿Qué sientes?». La otra persona te contesta: «Nada». Pero te das cuenta de que, cuando lo dice, desvía la mirada. En tu interior, sabes que algo no anda bien.

Se trata de un momento del sentimiento. Está presente una emoción importante, pero no se reconoce y no se habla de ella. La otra persona siente algo pero no lo dice, y a nosotros nos sucede lo mismo. Hay un margen de diez segundos en el que podemos sacar a la luz nuestros sentimientos. Si lo conseguimos, el grado de intimidad con la otra persona se incrementará. De lo contrario, la distancia se abrirá paso. Cuando no se afronta un sentimiento de forma directa, éste se convierte en una fuerza potencialmente destructiva para la relación.

Si aprendes a tratar de manera correcta los momentos de sentimiento, abrirás la corriente del bienestar en tu interior y el flujo del amor en tus relaciones. Los momentos de sentimiento son indispensables para la felicidad e incluso para la salud.

Suena muy fuerte. ¿Será verdad?

Sí, pero no hace falta que lo diga yo. Tú también podrás verificarlo en tu cuerpo y tu mente. Volvamos a las discusiones que acabamos de exponer para que cada uno sepa cómo comprobar esta verdad por sí mismo.

En las dos situaciones, a esa ligera sensación de que algo no va bien yo la llamo «bandera». Es como si una bandera ondeara para intentar captar nuestra atención. Las partes más profundas de nuestro cuerpo y nuestra mente se comunican con nosotros de la única manera que saben. Estas partes empezaron a existir en el ser humano millones de años antes de que nuestra mente pensante hiciera su aparición. Cuando se comunican con nosotros, lo hacen a través de un lenguaje primitivo, como las señales o los presentimientos.

¿Qué intenta decirnos la bandera? El mensaje es el siguiente: *En este momento estás experimentando una sensación importante. Contiene una información fundamental para ti.*

El cuerpo registra una ligera sensación de agitación e incomodidad hasta que nos dedicamos diez segundos a escucharlo. De no hacerlo así, nos sentimos mal y los síntomas empiezan a manifestarse.

Tal vez te estés preguntando: ¿no son demasiadas sensaciones? ¿Cómo saber a cuáles debo hacer caso? La respuesta es sencilla: sólo hay cinco sentimientos cruciales, que enseguida voy a enumerar. Más adelante describiré las sensaciones concretas que nos permiten saber cuál de ellos nos afecta en cada momento. Empiezo por los cuatro sentimientos que causan la mayoría de los problemas cuando uno no se para a atenderlos. Todos son normales y naturales, y llevan miles de años haciéndonos compañía. Por eso, no tiene sentido plantearse si tenemos derecho a sentirlos o no; además, es una pérdida de tiempo pensar que tal vez no sean apropiados. El que los ignora se pone en la misma situación de quien conduce por una autopista con los ojos vendados.

Sin duda, *el sentimiento que con más frecuencia ignoramos es el del anhelo.*

El segundo es la *ira*.

El tercero es el *miedo*.

El cuarto, la *tristeza*, y, el último, la *atracción sexual*.

Tal vez alguien piense que la atracción sexual debería ocupar uno de los primeros lugares de la lista, pero no es así. Empecemos, pues, por el que la mayoría de la gente siente casi siempre... el *anhelo*.

Cómo saber que sentimos anhelo

La sensación básica del anhelo, lo que nos permite saber que lo sentimos, es la tensión en el pecho. Hace años, uno de mis pacientes lo describió como «tener el corazón en un puño», y creo que esta es la mejor descripción que he oído nunca. Cuando anhelamos algo, notamos una sensación desagradable de opresión alrededor del corazón y los pulmones. Además, también nos damos cuenta de que la respiración es más superficial, y de que el aire no entra hasta el fondo del estómago (aunque esto también sucede con otros sentimientos). Mucha gente busca alivios rápidos de esta opresión en el pecho, distracciones como el alcohol, el tabaco, la comida. Pero la sensación siempre vuelve, hasta que aprendemos a afrontar lo que realmente se esconde debajo. Y en eso el Milagro en Diez Segundos desempeña un papel importante.

También hay una sensación de anhelo más suavizada que muchos de nosotros sentimos casi constantemente. Se trata de la vaga noción de que algo no va bien, y que he descrito en los dos ejemplos anteriores. La he llamado «bandera», porque lo que intenta es captar nuestra atención. Mi investigación apunta a que en realidad es una forma leve de anhelo, el mismo que se convertiría en una fuerte opresión en el pecho si se hiciera más intenso. Esa sensación leve tiene por objeto una cosa elemental: llamar nuestra atención sobre algo incompleto que debe abordarse. Cuando dejamos algo importante por terminar, nuestro cuerpo entra en una forma leve de anhelo, que no cesa hasta que lo acabamos. Anhelamos la comunión con nosotros mismos, y la única manera de restablecer la conexión es enfrentarse a eso que está incompleto.

Si el anhelo se hace más fuerte, eso significa que anhelamos una importante conexión amorosa. Anhelamos conectar con otra persona de manera que lleguemos a sentir el flujo del amor en nosotros mismos y entre nosotros y la otra persona. Si no la tenemos ya, lo más probable es que la anhelemos. Y muchas veces, aunque sintamos el flujo de esa comunión de amor, lo anhelamos igual cuando estamos fuera del ámbito de la otra persona. Si surge un percance en la relación, el anhelo se vuelve más intenso.

También anhelamos otras cosas. Casi todos deseamos desesperadamente realizar todo nuestro potencial de creatividad. En mis viajes por todo el mundo, he visto y veo a millones de personas que no pueden o no están dispuestas a asumir el riesgo de expresar su creatividad, y que para evadirse del anhelo que sienten, se entretienen con una gran cantidad de pasatiempos, aunque ninguno de ellos les funciona y casi todos tienen peligrosos efectos secundarios.

En uno de los seminarios que di en Europa, trabajé con una pareja que llevaba meses discutiendo por las cosas más triviales, como el tipo de quesos que debían comprar, etcétera. Un día, incluso se pelearon a la hora de la comida por culpa del aliño para la ensalada que ella se había traído de casa. A todos nos resultaba evidente que el motivo real de las peleas no era el queso o el aliño, pero ellos no se daban cuenta. En una ocasión, se prestaron voluntariamente a hacer una demostración delante de los demás participantes del cursillo.

En menos de cinco minutos, el tema por el que realmente se peleaban salió a la luz:

YO: ¿Qué haríais con toda la energía que consumís en estas peleas por el queso?

HANS: No te entiendo.

Yo sabía que Hans coleccionaba coches deportivos antiguos, así que lo intenté con una metáfora automovilística.

YO: Bueno, digamos que con todas estas discusiones has consumido 50 litros de gasolina. ¿Hasta dónde podrías llegar con esa misma cantidad de gasolina si no la malgastaras en alimentar las discusiones?

PETRA (estalló en carcajadas): Le has tocado la fibra sensible.

HANS: Ya te entiendo. Ahora no trabajo; en mi obra artística, quiero decir.

PETRA (seria): Yo tampoco.

YO: ¿Podría eso explicar algo?

HANS: Me peleo porque no estoy creativo.

PETRA: Puede ser, ¿verdad?

YO: ¿Y qué harías con toda esa energía?

PETRA: Una película, componer una partitura.

HANS: Sí. Ahora mismo estamos en dique seco. Llevamos ocho meses sin ningún proyecto de película. Empiezo a preocuparme de verdad.

YO: Y la tomáis el uno con el otro.

Entonces, aquella pareja llena de talento asumió una decisión muy valiente delante de todos los demás.

YO: ¿Podríais dejar las peleas y concentraros en la manera de convertiros en aliados, para crear un proyecto en el que trabajar juntos?

HANS: Yo sí. (Tendió la mano y se la dio a ella. Se saludaron formalmente, en señal de acuerdo. El grupo aplaudió.)

PETRA: De acuerdo. (Después de darle la mano, le abrazó con fuerza y el grupo lo celebró.)

Sentimos anhelo cuando perdemos el contacto con alguien o algo importante. Como vivimos dentro de un cuerpo, donde también habitan los sentimientos, muchas veces, cuando no podemos sentir profundamente, nosotros mismos nos vemos como extraños. Cuando perdemos la conexión con nuestros sentimientos, nos ponemos enfermos. Este es el problema al que casi todos nos enfrentamos a diario.

El cuerpo vive de los sentimientos

A nuestro cuerpo le encanta sentir profundamente. Después de vivir la mayor parte del tiempo en la aridez del mundo conceptual, sentimos un gran anhelo de sumergirnos en el nutritivo océano del sentimiento. No hay nada malo en los conceptos (¿dónde estaríamos sin ellos?). Lo que pasa es que vagamos tanto tiempo en ellos que nos entra sed de experiencia. El concepto de «agua» está bien, pero no moja. Los seres humanos llevamos un tiempo relativamente corto tratando con conceptos; desde el punto de vista de la evolución, no más de un parpadeo. Por el contrario, los sentimientos llevan mucho, mucho tiempo con nosotros.

Todos estamos hechos para sentir. Mucho antes de que se desarrollara en nosotros la claridad del pensamiento, ya estábamos profundamente inmersos en los sentimientos. De hecho, hasta nuestro cerebro está más adaptado al sentimiento que al pensamiento. Seguramente alguna vez has tenido un pomelo en la mano. No olvides que un pomelo grande tiene más o menos el mismo volumen que un cerebro humano. Ahora compara lo que ocupa la piel con lo que ocupa la pulpa. Pues bien, en el cerebro, la pulpa es el sentimiento, y la piel, el pensamiento.

Las partes que se encargan del sentimiento y las que lo hacen del pensamiento desean estar profundamente conectadas. Por lo tanto, siempre que se establece una buena interrelación entre ambas es cuando el ser humano da lo mejor de sí mismo. No obstante, esta armonía se pierde si en nuestro interior hay un sentimiento que no nos hemos dado el permiso consciente de sentir. Cuando esto sucede, la parte más profunda de nosotros empieza a agitar banderas, y no deja de hacerlo hasta que captamos el mensaje. Sin armonía entre sentimiento y pensamiento somos como un pomelo con un gran espacio vacío entre la pulpa y la piel. Y la naturaleza no lo hizo así.

Los sentimientos nos conectan con los demás

Nuestro cuerpo ansía conectar con otras personas. Mientras percibimos la corriente que nos une a los demás, nos sentimos más vivos. Por eso, cuando ésta no existe, la echamos en falta. Y esta conexión con los demás es tan importante que, en el momento que se rompe, nuestro cuerpo empieza a hacernos señales. Siempre que tenemos sed de conexión, lo primero que notamos es tensión, después dolor. La tensión y el dolor nos empujan a restablecer la conexión, aunque en realidad no hay que esperar a sentirlos. Es mejor prevenir que curar: puedes prevenir la tensión y el dolor aprendiendo a reconocer lo que interrumpe la corriente que fluye entre tú y los demás. Y no olvides que la corriente se interrumpe a partir del momento en que ocultamos nuestros sentimientos.

A lo largo de un día cualquiera, aparecen destellos de sentimientos que no son lo bastante perceptibles como para que les prestemos atención. Suelen surgir cuando estamos ocupados haciendo algo (por ejemplo, mientras conducimos inmersos en el tráfico). Pero aunque no seamos conscientes de ellos, una parte de nosotros los escucha con atención. Esa parte (la zona de nuestro cerebro que es portadora de un millón de años de supervivencia de la especie) nos ha situado donde estamos gracias a su capacidad para darse cuenta de las emociones más insignificantes. Hace mucho, muchísimo tiempo, antes de que el hombre descubriera el fuego, la ropa y el cobijo, vivía en grupos y dormía acurrucado para buscar el calor y la protección. Estar pendiente de sonidos como las toses lejanas y los crujidos era algo que beneficiaba al grupo en general. Los que se despertaban primero tenían más posibilidades de sobrevivir un día más. La vieja expresión «el que se duerme está perdido» era si cabe más verdadera en nuestra vida de hombres primitivos en las selvas y las sabanas.

Así pues, somos mucho más sensibles a los sentimientos de lo que nosotros mismos queremos creer. Lo que pasa es que hasta hace muy poco no sabíamos qué hacer con ellos cuando surgían de repente. Así que aprendimos a ocultarlos. Si estamos enfadados y asustados y el jefe empieza a criticar nuestro trabajo, no se considera adecuado que salgamos corriendo.

Ahora que ya nos hemos fijado en el anhelo, veamos qué sucede con... *la ira*.

La zona de la ira, en el ser humano, se corresponde con la cruz de los animales. Siempre que nos enfadamos, sentimos una tensión en los músculos de los omoplatos, que se extiende al cuello y a los hombros. Las mandíbulas también se aprietan. Pero la zona en la que hay que fijarse es en la que va de los omoplatos al cuello, pasando por los hombros. Es ahí donde aparecen las primeras pistas de la ira. Casi todos notamos sus destellos constantemente, aunque ahora de lo que se trata es de saber que, cuando los sentimos, es que estamos enfadados, ya que si no nos percatamos de ellos, aparecerán síntomas secundarios como dolor de cabeza y de espalda.

Qué desencadena la ira

El desencadenante de la ira es la intromisión y la violación injusta de los límites. Plantearse si el enfado es justificado o no es una pérdida de tiempo. Lo que hay que hacer es prestar atención para ver si la sentimos. Siempre que nos enfadamos, es porque alguien se ha entrometido en nuestra vida o no ha respetado nuestros límites. En algunas ocasiones se trata de una intromisión reciente, es decir, que está teniendo lugar en la actualidad. En otras, se trata de una situación relativamente inofensiva en la que la intromisión se basa en una experiencia pasada. Si has notado alguna vez esta intromisión en etapas anteriores de tu vida (¿y quién no la ha sentido alguna vez?), espera a que vuelva a producirse. Sea lo que sea, el Paso Milagroso que deberás dar es el mismo. Más adelante, cuando ya estés más tranquilo, leyendo el periódico o tomándote una copa de vino, podrás preguntarte de dónde proviene esa tendencia a esperar la intromisión.

En ocasiones, la ira llega a casos extremos, y el enfado se convierte en una actitud crónica. De hecho, la mayoría de las personas más enfadadas con las que he trabajado no consideraban en absoluto que lo estuvieran. Tampoco es probable que los que estéis leyendo este libro seáis de ese tipo de personas, porque no suelen leer esta clase de literatura. Es fácil detectar a los «enfadados crónicos», ya que son las únicas personas que niegan airadamente estar enfadados cuando los demás se lo hacen ver. En un caso memorable, uno de mis colegas le recomendó a un paciente, que sufría dolor de cabeza crónico, que acudiera al psicólogo para intentar reducir su enfado crónico. El hombre, una mole de un metro noventa y algo y casi ciento veinte kilogramos de peso, se levantó de la silla y lo acorraló contra la pared.

—¿Está usted sugiriendo que tengo mal carácter? —le gritó.

Mi compañero respiró hondo varias veces y le dijo:

—En este momento estoy asustado. Su enfado me asusta.

Entonces aquel hombre se desinfló como un globo pinchado.

—¿Qué quiere decir? —le preguntó.

—Bueno, casi me empotra contra la pared y me está gritando. Ha reaccionado airadamente a mis consejos. ¿Quién, si no alguien enfadado, actuaría como usted lo ha hecho?

Una situación así resultaría cómica si no fuera tan destructiva para la persona que la padece, y también para los que le rodean. Aquel hombre malgastaba tanta energía para defenderse de su enfado que no ejercía ningún control sobre él.

Romper la barrera defensiva

Aunque la mayoría no nos ponemos tan a la defensiva como el hombre del ejemplo, sí que solemos tener cierta tendencia a negar el enfado. A mí todavía me pasa, a pesar de llevar treinta años intentando abandonar la actitud a la defensiva. De hecho, esta es la principal barrera que debemos superar si queremos aprender a abordar los momentos de la vida que tienen que ver con los sentimientos. Cuando notamos que algo no va bien en nuestro interior, es esa actitud a la defensiva la que nos hace encender un cigarrillo o ponernos a comer, en lugar de hacer una pausa para sintonizar con nuestro cuerpo. Cuando alguien que se preocupa por nosotros nos pregunta: «¿Cómo te sientes ahora?», ante nosotros se abre durante diez segundos una ventana de intimidad, en la que podemos mirar, ver y explicar lo que hemos encontrado. Si nos ponemos a la defensiva, lo único que conseguiremos es crear un problema en la relación.

A continuación, veamos algunos de los pasos a la defensiva más importantes que presencio normalmente en mi consulta:

Paso a la defensiva número 1:
La defensa del momento inoportuno

ESPOSA: ¿Cómo te sientes en este momento?

ESPOSO: ¿Es que no ves que estoy ocupado? ¿No podemos dejar para luego los sentimientos?

Fíjate en que la misma cantidad de tiempo y energía que este hombre consume defendiéndose, podría invertirla en responder, sencillamente, «me siento desbordado, cansado y de mal humor».

Paso a la defensiva número 2: La defensa de la víctima

A: ¿Cómo te sientes en este momento?

B: Ya la has tomado conmigo otra vez. ¿Por qué siempre estás con eso de los sentimientos? ¿Es que no puedes disfrutar un poco de la vida sin preocuparte de ellos?

Paso a la defensiva número 3: La defensa de la ignorancia

A: ¿Cómo te sientes en este momento?

B: No lo sé.

Paso a la defensiva número 4: La defensa de la ofensa

A: ¿Cómo te sientes en este momento?

B: ¡YA ESTÁ! ESTOY HASTA EL GORRO DE ESA ESTUPIDEZ DE LOS SENTIMIENTOS. SI NO TE FIJARAS TANTO EN LOS SENTIMIENTOS, QUIZÁ LLEGARÍAS A USAR LA LÓGICA DE VEZ EN CUANDO.

Comparemos esos pasos a la defensiva con una alternativa más saludable. En vez de ponernos a la defensiva cuando se abre la ventana de la intimidad, podríamos aprender a dar dos Pasos Milagrosos: sintonizar con nuestros verdaderos sentimientos y comunicar nuestros hallazgos lo mejor que podamos.

Aquí tienes el ejemplo de una pareja que se inició en el aprendizaje de valorar los beneficios de una comunicación sin defensas. Aunque esta conversación duró menos de un minuto, marcó una pauta de cara al futuro en su relación:

YO: Harriet, concéntrate en lo que sientes en la barriga en este momento. Pareces estar muy tensa.

HARRIET: Estoy asustada. Muy asustada.

YO: Díselo a Larry directamente.

LARRY (empezó a toser con fuerza): Perdón.

YO: ¿Qué crees que oculta esa tos?

LARRY: Creo que tengo miedo de lo que está a punto de decirme.

HARRIET: No hay para tanto, de verdad.

YO: Respira hondo y dilo de golpe.

HARRIET: Quiero adoptar un niño.

LARRY: ¡Por Dios! ¿Estás...?

HARRIET: Espera, déjame terminar.

YO: Respira hondo varias veces, Larry, y limítate a percibir lo que sientes mientras la escuchas. No tienes por qué estar de acuerdo, limítate a escuchar.

HARRIET: Tengo 43 años. Soy una buena profesora, pero nunca llegaré a ser extraordinaria. Lo que realmente deseo es pedir una excedencia y criar a un niño.

LARRY: ¿Y cuándo lo has decidido?

HARRIET: Le he estado dando vueltas, sin saberlo, durante mucho tiempo.

LARRY: Pero nunca me habías dicho nada...

HARRIET: Bueno, te lo estoy diciendo ahora.

En las tres sesiones que siguieron a ésta, hubo muchas negociaciones, y todas merecieron la pena. Pero lo más gratificante para mí fue ver el rostro de felicidad de Larry cuando regresaron de Asia con su hija coreana en brazos.

LARRY: ¿Es posible que alguna vez me resistiera a la idea?

YO: La gente cambia, Larry, y tú vas a ser un padre excelente.

Cuando expresamos la verdad de nuestros sentimientos a partir de una actitud de indagación y descubrimiento, establecemos el flujo de la corriente en nuestras relaciones. La verdad que se expresa desde la sorpresa hace aumentar la corriente. Ésta, por el contrario, disminuye cuando expresamos cosas rebatibles, como son las opiniones, y aún decrece más ante el intento de justificar y explicar dichas opiniones.

Antes de explicar por qué, debemos responder a una pregunta fundamental:

Pregunta Clave: ¿Qué es el flujo?

La sensación de flujo es importante en la vida y en el amor. Siempre que la sentimos en el cuerpo y la mente, todo va bien. Siempre que se establece esa corriente entre nosotros y otra persona, todo marcha estupendamente entre nosotros. Pero ¿qué es exactamente ese flujo? Dediquemos unos instantes a ver qué es lo que sentimos exactamente en nuestro cuerpo. Durante muchos años he empleado esa sensación de flujo interior a modo de barómetro, para medir mi salud y mi bienestar. Mi esposa y yo la utilizamos también como el principal medidor para conocer el estado de nuestra relación. Además, mi trabajo siempre ha consistido en establecer esa corriente en más de tres mil sesiones terapéuticas. Basándome en ellas, he llegado a definir el concepto de flujo de la siguiente manera: se trata de una sensación compuesta de tres elementos: movimiento, juego y espacio. El flujo es la sensación móvil de espacio y de juego. Cuando eliminamos el movimiento, no hay flujo. Cuando eliminamos la sensación de espacio, no hay flujo. Cuando eliminamos el juego, tampoco hay, desde luego, flujo alguno. Pero siempre que estos tres elementos están presentes, tanto en nuestro cuerpo como en nuestras relaciones, fluimos con la vida y con el amor.

Para que entiendas mejor lo que quiero decir, quiero compartir contigo el siguiente experimento. El mejor punto de partida es siempre el momento actual. Ahora mismo me encuentro en el salón de mi casa, en Montecito, California; es sábado por la mañana. Tengo puesta una música suave, y oigo el rumor de la fuente del jardín. Al revisar mi cuerpo con la conciencia, noto una sensación de tensión en la pierna izquierda. Está dura como una tabla, y no fluye nada en su interior. Por supuesto sé que hay miles de procesos que tienen lugar en la pierna, pero lo que le falta es esa sensación de *juego relajado*. Me concentro en mi pierna derecha, y la diferencia salta a la vista. Mientras la izquierda está como aletargada, la derecha se siente llena de vida.

Revisa conmigo tu cuerpo para ver si encuentras alguna zona sin flujo. Pasa tu conciencia por los hombros y el cuello, porque es en esas partes donde normalmente se pierde la sensación de flujo. Siente el centro de tu cuerpo, y presta atención a cualquier zona en la que detectes ausencia de flujo.

Por mi parte, a medida que voy prestando atención a mi pierna derecha, me doy cuenta de una diferencia aún más sutil. No es sólo que tenga una sensación de juego espontáneo, comparada con la izquierda, que está como acartonada, sino que aquélla parece más espaciosa, como si en ella hubiera más sitio. Vuelvo a fijarme en la pierna izquierda, y me doy cuenta de que tengo que concentrarme más intensamente para sentir su espacio. El espacio está ahí, pero es más difícil de detectar.

El mismo tipo de conciencia puede aplicarse a las relaciones. Cuando el flujo está presente entre nosotros y otra persona, entre ambos se establece una sensación espontánea de juego. Incluso aunque estemos haciendo algo serio, siempre aparece esa sensación de juego *inminente*. La sensación de juego es importante para el flujo, y es fácil entender por qué aparece en el patio de una escuela:

Cuando vemos jugar a los niños, nos damos cuenta de que el tiempo no les preocupa lo más mínimo. En el continuo espacio-temporal, mientras juegan, los niños sólo se quedan con la parte que concierne al espacio. Perciben sus actividades como indisolubles con las maneras creativas de hacer uso del espacio del que disponen. Incluso aunque lleven reloj, muy pocos lo miran cuando están jugando. Por lo que respecta al tiempo, la cuestión es hacer que el espacio quepa en los segmentos de tiempo que intentamos ocupar. Fijémonos en que los adultos, cuando intentan terminar algo antes de la expiración de la fecha límite, no tienen un sentido muy lúdico. Siempre que nos situamos en un extremo del continuo espacio-temporal, es decir, siempre que somos demasiado conscientes del tiempo, no nos damos mucha ocasión para el juego.

Volvamos ahora a mi pierna. Noto más flujo en la derecha porque en ella hay una mayor disposición al juego y más espacio para que éste se produzca. Si tiene una lesión (y mi pierna fue objeto de mi exceso de empeño hace unas semanas, mientras jugaba al golf), no nos apetece mucho jugar. Veamos si soy capaz de hacer algo para aportar un poco más de flujo a mi pierna izquierda.

En primer lugar, me doy cuenta de que me resulta más fácil girarla hacia fuera que hacia dentro. Así que juego con ella medio minuto, girándola hacia fuera y hacia dentro sin forzarla. Luego me fijo en que me cuesta menos extenderla que doblarla. Así que practico un rato estos movimientos. A continuación hago una pausa para volver a sentirlo, comparando la sensación con la de la pierna derecha. Veo que ahora las dos están más niveladas. Noto que las muevo con facilidad, que están más abiertas y activas. En la pierna izquierda tengo una sensación de flujo y energía.

Uno de los signos más importantes de salud en cualquier relación es la cantidad de juego que se da en la pareja. Para mí siempre es motivo de alegría ver que el juego se abre paso entre dos personas que a veces llevan semanas o meses discutiendo. Pero ¿cómo puede trasladarse todo esto a la vida real? Veamos un ejemplo elocuente que se produjo en el transcurso de uno de los seminarios que Kathlyn y yo impartimos en nuestro centro de Santa Barbara.

Una pareja, Sarah y Jonathan, se prestaron voluntarios para abordar un asunto delante de los demás participantes. Después de comer, habían empezado a discutir nada más entrar en la sala donde se impartía el curso.

SARAH: El problema es que lo controla todo. Quiere organizar cada momento de mi existencia.

JONATHAN: ¡Qué ridiculez! Sólo te he dicho que por qué no ibas un momento al supermercado a comprar lo que necesitamos.

SARAH: Pero lo que yo quería era aprovechar el tiempo que me quedaba para dar un paseo y respirar un poco de aire puro.

YO: Jonathan, me doy cuenta de que tienes toda la energía bloqueada en los hombros. Y tú, Sarah, pareces estar encogiéndote.

SARAH: Es por él, es como un toro.

JONATHAN: ¡Qué ridícul...!

YO (le interrumpí): Jonathan, en vez de defenderte, ve en la otra dirección, sé más como un toro. Carga un poco más los hombros. Y tú, Sarah, encógete un poco más..., haz como si realmente estuvieras muy asustada.

Jonathan empezó a avanzar por la sala como un toro, mientras que ella se encogió como un ovillo, acobardada.

YO: Jonathan, ruge como un toro.

Rugió con furia dos o tres veces. Ella se encogió aún más.

YO: Sarah... intenta enfrentarte a un toro de otra manera, que no sea encogiéndote.

Ella se quedó callada, pensando. De pronto se le ocurrió algo e hizo como si tuviera un capote en las manos. Se puso a dar vueltas alrededor de él, pasándole el capote por delante. Jonathan entró rápidamente en el juego, rugió y embistió el capote imaginario. Al momento, ambos se encontraron inmersos en una corrida ilusoria. Los demás asistentes al seminario se pusieron a jalearlos cuando hacían un paso que les parecía especialmente bueno. Después de un rato, los dos cayeron al suelo rendidos.

EL GRUPO GRITÓ AL UNÍSONO: ¡BRAVO!

La señal más evidente de salud mental es el sentido del humor. Cuando somos capaces de reírnos de las cosas que hasta hace poco nos torturaban, es que hemos emprendido el camino hacia una relación mejor con nosotros mismos y con los demás.

Pasemos ahora a nuestro sentimiento clave más difícil... *el miedo*.

El miedo: la contracción general

El miedo provoca contracciones, sobre todo en la zona intermedia del cuerpo. Si pudiéramos mirar al interior de nuestro estómago en un momento en que estuviéramos asustados, veríamos cómo se vuelve blanco. Esta es una de las primeras cosas que nos pasan cuando sentimos miedo, y entender el porqué de esto, nos permitirá no sorprendernos del gran poder que tiene el miedo sobre nuestras acciones. Siempre que sentimos algún tipo de amenaza, aunque sea imaginaria, pasamos por una serie de pasos que hemos heredado de una larga sucesión de ancestros, y que se remontan a la Prehistoria.

Cuando se activa el interruptor del miedo:

- La sangre se retira del estómago y la digestión se corta al momento (por eso decimos que el estómago se vuelve blanco). Gracias a esta interrupción de la digestión, proceso fisiológico que consume una gran cantidad de energía, nuestros antepasados pudieron enfrentarse a cualquier amenaza, sin importar en el momento en que se les presentara.

- Los músculos se tensan y se preparan para la acción.

- Las pupilas se contraen.

- Se produce una sensación de contracción general, como cuando estamos a punto de estornudar.

¿Cuál es el efecto global de todo esto? Algunos lo describen como un hormigueo, otros como un círculo interior, o como un «latido de pánico». La sensación más común es una especie de aceleración en el estómago, una sensación como de mareo o de náuseas, que varía en intensidad y que va de un nerviosismo apenas apreciable hasta un pánico manifiesto.

El desencadenante puede ser cualquier amenaza. No importa que sea física o psicológica, real o imaginaria. Lo que hay que hacer es prestar atención para saber si la sentimos o no. En caso afirmativo, debemos aprender a dar el Paso Milagroso que consigue superar el miedo: identificarse conscientemente con las sensaciones corporales que se estén sintiendo y, acto seguido, expresar la verdad sobre lo que nos asusta (si es que hay alguien cerca dispuesto a escucharnos). Si se está solo, identificarse con ellas durante diez segundos suele bastar para hacerlas desaparecer.

Veamos, a través de un ejemplo, cómo puede minimizarse el miedo rápidamente gracias al Milagro en Diez Segundos. Una noche me llamó por teléfono el productor del programa de televisión de David Letterman. A una de mis pacientes, cantante de profesión, le había dado un ataque de pánico justo en el momento en que le tocaba grabar. Ya había aparecido en el programa varias veces, pero en esta ocasión tenía que cantar a dúo con otro intérprete. El productor me pidió que hablara con ella para averiguar qué le pasaba.

Aunque nuestra conversación duró más de diez minutos, sólo voy a reproducir el momento en que hizo su aparición el Milagro en Diez Segundos:

> YO: ¿Estás de pie o sentada? (Lo que intenté con esta pregunta es desviar su atención hacia su cuerpo, para que dejara de concentrarse en sus pensamientos de huida.)
>
> ELLA: De pie.
>
> YO: *Centra la atención en el punto en que tus pies entran en contacto con el suelo.* ¿Llevas puestos los zapatos?

ELLA: Botas.

YO: Bien. Nota el punto en que la planta del pie entra en contacto con las botas y el punto en que éstas entran en contacto con el suelo.

ELLA (expulsando el aire): ¡Fiuuuuuuu!

YO: Ahora *concéntrate para ver en qué parte del cuerpo sientes el miedo.*

ELLA: En todas partes.

YO: Centra la atención en las sensaciones hasta que sientas en qué parte es más fuerte.

ELLA: ¡Ah! Entiendo. *El corazón me late muy fuerte y tengo un nudo en el estómago.*

YO: De acuerdo. Nota esas sensaciones y respira hondo diez segundos. Yo cuento (conté despacio hasta diez).

ELLA: De acuerdo. Estoy mejor.

YO: Muy bien. Sintoniza para ver de dónde puede venir ese miedo; por qué lo estás sintiendo.

ELLA: Sí, ya lo tengo. El otro cantante y yo tuvimos una gran discusión. Se supone que hemos de cantar una canción suya, una que escribió él. *Tengo miedo de manifestar mi enfado hacia él, y no ser capaz de controlarlo.*

YO: Oh, de acuerdo. *Durante diez segundos, siente toda tu ira hacia él.* La pelea, el hecho de cantar su canción, todo.

(Conté lentamente hasta diez.)

YO: ¿Qué tal ahora?

ELLA: No noto mucha diferencia.

YO: Sí, sigues furiosa, sigues asustada. ¿Y qué?

ELLA (se rió): Sí.

Decidí quedarme levantado hasta tarde para ver el resultado. Cantaron muy bien.

Algo que hay que tener en cuenta

Una vez que nos enfrentamos de manera consciente a nuestro miedo (o a otro sentimiento), cualquier paso que demos funcionará. Podemos respirar hondo, bailar y hablar de ello desde la curiosidad. Afrontarlo es el milagro que hace que cese lo que tiene de molesto. Todos los sentimientos operan de la misma manera: si se sienten, se curan.

Al enfrentarnos a lo que sentimos, empezamos a sanar de inmediato. Cuando sentimos los residuos del pasado en el cuerpo, lo situamos en su sitio, justo donde siempre ha estado, es decir, en ninguna parte.

EL CUARTO MILAGRO EN ACCIÓN

Tres preguntas que te cambiarán la vida

Las preguntas son una medicina poderosa; una pregunta formulada en el momento oportuno puede suponer el más eficaz de los remedios. Las preguntas son instrumentos esenciales de curación, no sólo para sanar las relaciones, sino también para curar el cuerpo y el alma. Ahora bien, en concreto hay tres, que son tan importantes para nuestro bienestar que no puedo imaginarme la vida ni el trabajo sin ellas. Yo vivo con ellas como si fueran mis compañeras de viaje, y las uso cada día para mantener la corriente de las soluciones brotando en mi matrimonio, y mantener también mi círculo de amistades. Las uso en mi vida profesional como milagros de primer orden. Se las he enseñado a miles de personas en todo el mundo, desde Cleveland a Calcuta, y desde Belfast a Beverly Hills.

Pero para obtener todo el poder de estas tres preguntas, toma a modo de prueba cualquier problema que tengas actualmente en tu relación amorosa. Piensa en algún asunto importante que te haya tenido preocupado.

Tal vez has perdido un amor importante.

Tal vez estés solo, o te sientas solo.

Tal vez no hay amor en tu matrimonio.

Sea lo que sea, haz una pausa y piensa en el problema más urgente que exista en tu relación.

Con él en la mente, formula la primera Pregunta Clave: *En relación con este asunto, ¿qué es lo que más necesito afrontar y más he estado evitando?*

Una vez formulada la pregunta, haz una pausa hasta que obtengas una respuesta. Tal vez hayas evitado...

- Afrontar y sentir una emoción concreta –tristeza, miedo, ira– en toda su dimensión.

- Asumir la realidad de una pérdida.

- Afrontar las consecuencias de una decisión que hayas tomado.

- Mantener una conversación necesaria.

Independientemente de lo que hayas estado evitando, deberás dar el paso y enfrentarte a ello ahora. Nómbralo y afróntalo sin pestañear durante diez segundos. No tienes que hacer nada más, por el momento, sólo afrontarlo directamente.

Si lo haces así, notarás un cambio en tu interior en un plazo de diez segundos. Se trata de una liberación interna que te supondrá un alivio.

Pero es muy posible que aquello a lo que nos estamos enfrentando nos resulte muy desagradable. A lo largo de mi vida, yo he tenido que enfrentarme a la muerte de seres queridos, a la traición y a la pérdida de una persona de la que estaba profundamente enamorado, aparte de a algunos otros hechos bastante dolorosos. Pero, aun así, me parece que mi vida ha estado bendecida por la fortuna si la comparo con la de muchos de mis pacientes. He presenciado cómo algunos tenían que afrontar los abusos y las vejaciones sexuales por parte de sus seres queridos, las torturas a manos de los guardianes de campos de exterminio nazis, los asesinatos de sus hijos y otros acontecimientos que están muy lejos de mi experiencia personal. No importa lo que sea que evitemos afrontar; no tiene sentido comparar la profundidad del dolor de las personas. Lo único que importa es que nos enfrentemos a lo que no nos hemos enfrentado. Casi todos nuestros síntomas y malas costumbres son intentos de distraer nuestra atención para no plantarnos ante lo que es ineludible.

Pero cuando lo hacemos, establecemos las bases para la segunda Pregunta Clave:

¿Cuál es la Comunicación Instantánea que no he formulado, la palabra o frase ineludibles?

Debes pronunciarla, y pronunciar el nombre de la persona a la que quieres dirigirla. No importa que esa persona esté sentada a nuestro lado o lleve muchos años muerta. En cada asunto que nos perturba hay siempre una *Comunicación Instantánea* encerrada, y cuanto antes la pronunciemos, antes te liberarás.

En varias ocasiones, he visto desaparecer enfermedades crónicas horas después de que la persona afectada comunicara la verdad. En una de las experiencias más emocionantes de mi vida, presencié cómo una mujer volvió a oír, tras años de sordera, siguiendo la comunicación de su verdad instantánea. Es frecuente que los problemas físicos se aferren a nuestro cuerpo cuando no llegamos a comunicar esa verdad esencial. Y ahí se quedan durante décadas hasta que las palabras, finalmente, salen a la luz.

Y, por último, la tercera Pregunta Clave:
¿Cuál es mi pasión?

¿Qué es lo que deseamos desde lo más profundo de nuestro ser? ¿Cuál es el deseo de nuestro corazón, ese deseo que se mantiene encerrado en el centro del asunto que nos perturba? En el fondo de casi todos los problemas de relación se encuentra atrapada una pasión frustrada. Por eso, siempre que ahogamos las pasiones, lo que provocamos es el caos en el interior de nosotros mismos. Y después de un tiempo viviendo en medio de esas tempestades del corazón, nuestras pasiones se mueren y dejan paso a la desesperación y a un conformismo aburrido, embotado.

He trabajado con muchas personas que llevaban su mal interior escrito en el rostro. Vivían media vida; ni del todo aquí, ni del todo allá. Mientras su cuerpo y su mente seguían existiendo, su corazón estaba muerto. En cada una de sus vidas, había habido pasión alguna vez, una pasión que había sido sofocada. No la habían alimentado ni la habían sacado a la luz. Yacía enterrada bajo capas de lo que una de mis pacientes definió como «ciénaga de la pérdida». La terrible belleza de esta frase me perturba, porque no fui capaz de ayudarla. Cuando la conocí, la pasión que había enterrado había empezado a erosionar su cuerpo. La misma semana que acudió a mi consulta, acababa de visitar a su oncólogo, que le había mostrado las radiografías y las pruebas de un cáncer que la estaba devorando. Para ella fue demasiado tarde.

Quiero estar seguro de no enterrar mis pasiones más sagradas. Y eso es lo que deseo para todo el mundo. Despertemos a tiempo, preguntándonos cada día, cada hora, cada minuto: «¿Cuál es mi pasión?». «¿Tengo el valor de expresarla en el mundo?» Si hacemos que estas preguntas se conviertan en nuestras compañeras de espíritu, los trabajos de vivir y amar, tan duros, se convertirán en trabajos del corazón.

Las tres preguntas en acción

Eva se sentía deprimida y descentrada. Además, le dolía literalmente el cuello, tenía una especie de nudo en la parte izquierda que se le extendía hasta el hombro. La invité a que hiciera una revisión de su jornada, intentando determinar el instante mismo en que notó por primera vez el dolor o la sensación de malestar. Hizo memoria y lo situó justo después de colgar el teléfono, en un momento anterior del día.

Había colgado sintiéndose enfadada, por haber quedado en hacer algo que no quería, y en lugar de aplicar el Milagro en

Diez Segundos en aquel mismo instante, se consoló tomándose un desayuno opíparo, que desplazó su atención a la sensación de empacho del estómago.

La animé a que retrocediera con su imaginación al instante inmediatamente posterior a la llamada telefónica, y que se formulara dos preguntas:

¿Qué es lo que no estoy afrontando y sintiendo plenamente?
¿Cuál es la Comunicación Instantánea que debo hacer?

Respondió rápidamente. No había sentido su enfado, su enfado con ella misma por ser tan cobarde y no haberse atrevido a rechazar la proposición, y su enfado con el jefe, que era su interlocutor.

No había afrontado plenamente el hecho de que no quería seguir trabajando allí, y tampoco que le daba miedo dejar el trabajo.

Le pedí que centrara su conciencia en todos aquellos aspectos durante diez segundos. Una vez que lo hubo hecho, noté que ya estaba más relajada.

La Comunicación Instantánea que no había realizado era la siguiente: *«Estoy enfadada»*. La animé a que lo dijera en voz alta, y le pregunté si deseaba comunicárselo a su jefe. Me dijo que sí, así que le pasé el teléfono. Le llamó y le dijo:

—¿Le va bien que hablemos de algo que ha sucedido esta mañana?... De acuerdo, pues bien, quiero que sepa que me he enfadado mucho esta mañana cuando usted me ha pedido que me fuera a Boston hasta el viernes. Le he dicho que iría, pero cuando he colgado me he sentido muy enfadada... me ha parecido injusto que me lo comunicara sólo con dos días de antelación. Tengo tres hijos, y no me va a resultar nada fácil buscar a alguien que se ocupe de ellos hasta el viernes a las nueve de la noche.

A medida que iba escuchando la respuesta de su jefe, sus ojos se iban abriendo cada vez más, y debo confesar que por un momento me temí lo peor. Al final, esbozó una gran sonrisa.

—Gracias, de verdad necesitaba escuchar algo así. Y me encanta la idea.

Colgó y dio un grito de alegría.

El jefe le había dicho que llevaba todo el día sintiéndose culpable por haberle pedido que se fuera de viaje con tan poca antelación y ya le había dejado un mensaje en el contestador de su casa diciéndole que había hablado con la empresa de Boston para organizar una videoconferencia, con lo que no hacía falta que se desplazara en persona. Los costes eran más o menos los mismos. Pero lo que le hizo sonreír fue que el jefe le dijera que la había escogido a ella porque no confiaba en nadie más para llevar a cabo aquel proyecto.

Pero por suerte, la cosa no quedó ahí, ya que aún había un tesoro enterrado más abajo que empezamos a sacar a la luz.

—Eva, ¿cuál es tu verdadera pasión? Tengo la sensación de que serías capaz de hacer tu trabajo actual con los ojos cerrados. Parece que eres buena, y que obtienes recompensas por él, pero ¿representa el máximo de tu persona?

—No —respondió—, en absoluto. Lo que me gustaría de verdad sería tomarme una excedencia de seis meses y sumergirme en el mundo del diseño gráfico. Quiero abrir mi propio estudio. —Se sentó y lanzó un suspiro de alivio—. Bueno, ya lo he dicho. Ahora ya estoy al corriente... supongo que tendré que hacerlo.

—¿Estás dispuesta a tomar ese «supongo que tendré que hacerlo» como una forma de compromiso? —le pregunté.

Ella respondió que sí.

Eva tuvo que vencer muchos obstáculos, financieros y geográficos, pero al final hizo realidad su pasión. Y si los lectores de este libro se acercan alguna vez por mi organización a participar en algún curso, por sus manos pasarán muchos de sus diseños gráficos, porque somos sus principales clientes.

El quinto milagro

*Mantener viva la pasión en las relaciones
basadas en el compromiso*

Mantener viva la pasión es uno de los aspectos más importantes para cualquier pareja. Son muchas las que vienen a mi consulta y me preguntan: «¿Adónde se ha ido nuestro amor?». En la mayoría de los casos, no creo que haya ido a ninguna parte. Sencillamente, está cubierto por un velo de inconsciencia. Por lo tanto, la pregunta que deberían formularse es: «¿Qué movimientos conscientes puedo hacer para mantener el flujo de la pasión y el amor en mi vida?». Esta sí que es una pregunta que vale la pena responder, y yo llevo años dándole vueltas.

En el momento de escribir estas líneas, Kathlyn y yo llevamos dieciocho años juntos. En nuestra relación ha habido altibajos, pero en todo este tiempo hemos hallado la manera de mantener la pasión y el amor recíproco a un nivel muy alto. No digo que nosotros tengamos todas las respuestas, pero sí que sé las cosas que nos han funcionado. También sé cómo he empleado los Milagros en Diez Segundos para ayudar a la gente a mantener su pasión y su amor.

Según consta en mis archivos, la gente me ha formulado más de cien veces la siguiente queja. Aunque cada pareja lo dice a su manera, básicamente se trata de lo mismo. A continuación incluyo algunas versiones, extraídas de mis notas:

«Ya no nos divertimos».
«En nuestra relación ya no hay pasión.»
«Estamos tan acostumbrados el uno al otro. Ya no hay sorpresas.»
«Ojalá pudiéramos hacer algo para romper la rutina.»

A veces, las palabras que emplean para expresarlo son más fuertes, y los sentimientos más convulsos:

«Me encantaría que me dijera algo que no haya oído ya cien veces».
«Nuestra vida sexual es tan aburrida; sólo consigo mantener el interés si pienso en las acciones de la Bolsa mientras hacemos el amor.»

Supongo que, con estos ejemplos, se entiende cuál es el problema. A menos que se sepa mantener viva la pasión y el interés, la gente se desliza en el letargo de la rutina. Una vez que las relaciones dejan de sorprendernos, se convierten en algo con tan poca sustancia que los altibajos del mercado de valores pueden llegar a tener más interés que los vaivenes del sexo. Cuando el hombre del ejemplo tenía 16 años, dudo que llegara a imaginarse alguna vez que el precio de una acción de IBM acabaría interesándole más que el sexo.

¿Qué le ha sucedido?

Pues lo que nos sucede a todos: ha perdido la capacidad de asombro.

En las relaciones, nos pasamos la vida en uno de estos dos estados de conciencia: asombro o letargo; o nos asombramos de manera activa por nosotros mismos, nuestra pareja y nuestras potencialidades, o caemos en el letargo de la rutina, el hábito y los patrones de comportamiento. Algunos de los hábitos y patrones son inofensivos, pero otros pueden llegar a ser muy perjudiciales para nosotros mismos y para los demás. De todas formas, esa no es la cuestión. Tanto si causa placer como dolor, el letargo no deja de ser letargo. Mientras estamos bajo su influjo, no nos mantenemos despiertos al asombro que aporta cada momento. Dicho de otro modo: incluso aunque estemos tomándonos nuestro helado favorito, no lo saborearemos si, en ese momento, estamos aletargados.

Si hablo de todo esto es porque tengo información de primera mano, ya que yo también viví mi ración de letargos. No obstante, he tenido la suerte de pasar la mayor parte de las últimas décadas en estado de asombro. Pero antes de eso, he estado años enteros en el más peligroso de todos los letargos: el que supone no saber que se está aletargado. Un letargo tan profundo que incluso me llegué a creer que estaba completamente despierto. Desde entonces me he despertado (y entrado en él de nuevo) varias veces, y trabajado con cientos de personas para ayudarles a abrir los ojos al asombro. Por eso puedo decir que, cuando la gente despierta, suceden milagros, y también sé que no todo el mundo cuando despierta lo hace de buen humor. Y entre estos últimos me incluyo yo, ya que algunas veces llegué a estar tan aletargado que tuvieron que despertarme a golpe de dinamita.

El letargo de las relaciones de larga duración es muy fuerte. Hay tantos hilos que nos atan a la rutina, tantas distracciones, tanta comodidad y tanto placer que nos adormece..., que hace falta un verdadero acto de valor para despertarnos.

Pero, si queremos, podemos conseguirlo. Lo único que necesitamos es tener el suficiente valor para realizar un cambio de rumbo decisivo. Ese golpe de timón nos lleva a la otra punta del universo, pero para darlo no hacen falta más de diez segundos.

El quinto milagro

La Regla: *Cuando empezamos a asombrarnos por cosas de las que antes creíamos estar seguros, se producen milagros. Cuando empezamos a ver las cosas con asombro durante diez segundos ininterrumpidos, empiezan a operarse cambios milagrosos en todas las áreas de la vida.*

El Paso: *Asombrarse ante cualquier cosa que nos haya preocupado en el pasado. Entregarnos al asombro mientras respiramos profundamente dos o tres veces, sin esperar una inmediata resolución. Se trata más bien de asombrarse sin tener ninguna expectativa.*

Veamos un caso que se produjo en mi consulta, y que supuso un momento de inflexión para sus protagonistas. Me encontraba trabajando con Charles y Lou Anne sobre un problema de dinero, además de tratar lo que ellos definían como «sensación general de aburrimiento». Su negocio familiar estaba atravesando un momento difícil. Nunca habían tenido deudas, pero en aquel momento se estaban planteando la posibilidad de pedir un préstamo. En aquella situación, un Milagro en Diez Segundos les otorgó unos beneficios económicos inmediatos.

YO: Los dos parecéis preocupados. Capto perfectamente la tensión acumulada en vuestra frente.

LOU ANNE: Sí, la verdad es que nos cuesta muchísimo pedir dinero prestado. Mi abuelo empezó este negocio con veinticinco dólares y un carrito de frutas, y se mantuvo al frente durante cincuenta años sin pedir ni un centavo a nadie.

YO: Vaya, así que además te sientes culpable.

CHARLES: Sí. ¿Qué pensaría el abuelo? Y eso que nunca llegué a conocerlo. Murió antes de que nos conociéramos.

LOU ANNE: Charlie y yo llevamos un tiempo peleándonos. Cuando se vive y se trabaja en pareja, es difícil dejar los problemas fuera de casa.

YO: Tengo una sugerencia. ¿Os gustaría escucharla?

LOU ANNE: Claro.

CHARLES: Sí.

YO: Sentid toda la preocupación, toda la culpa, todo el miedo contra los que estáis luchando en este momento. Limitaos a sentirlo en vuestro cuerpo. Abríos a él y aireadlo durante diez segundos.

(Cerraron los ojos y se concentraron en su interior durante diez segundos.)

YO: Ahora, dejad de lado la preocupación y asombraos ante la posibilidad de que todo esto se resuelva fácilmente.

CHARLES: ¡Fácilmente! (Puso una expresión de escepticismo.)

LOU ANNE: La verdad es que no veo cómo.

YO: Por el momento, yo tampoco; pero eso es precisamente lo

que quiero que hagáis. Que, en vez de preocuparos, os asombréis. La preocupación no ha producido ningún resultado, así que probemos otra cosa. Intentemos asombrarnos juntos durante diez segundos sobre la posibilidad de que todo esto se resuelva fácilmente a vuestro favor.

(Hicimos una pausa de diez segundos durante la cual yo me concentré en mi capacidad de asombro.)

CHARLES: Tengo una idea.

LOU ANNE: ¿Cuál?

CHARLES: Vender todos los camiones viejos para tener dinero en efectivo y no tener que pedir un crédito.

LOU ANNE: ¿Y comprar camiones nuevos con un *leasing*?

CHARLES: Exacto, un *leasing* a corto plazo. Creo que de la venta de los viejos podríamos sacar medio millón de dólares.

Para mí, la compensación fue inmediata. Esas dos personas que habían llegado presas de preocupación y discutiendo entre sí, abandonaron la consulta charlando animadamente de posibles soluciones. Luego me contaron que se les habían seguido ocurriendo más cosas toda la tarde. Lo último que supe de ellos fue que habían superado los tiempos difíciles y que volvían a sentirse bien.

Qué se puede hacer

En este momento, si te preocupa el hecho de que tu relación haya perdido vitalidad, pasa a mostrar asombro durante diez segundos. Se trata de adoptar la apertura de miras y la curiosidad infantil. Incluso hasta puedes emitir algún sonido de asombro mientras adoptas esa actitud. He detectado que cuando les pido a mis pacientes que lo hagan, dejan de caer en una actitud crítica.

Por lo tanto, es bueno emitir ese tipo de sonidos, como «mmm».

Piensa: me pregunto por qué las cosas han llegado a este punto. En qué medida he contribuido yo a esta falta de vitalidad. Cómo puedo hacer revivir la vitalidad que teníamos antaño. No te dejes dominar por el espíritu crítico..., ¡asómbrate!

Es sorprendente lo que puede conseguirse tras sólo unos segundos de asombro ininterrumpido. Al menos hay un sentimiento que te puedo garantizar antes de que concluyan los diez segundos: tu estado de ánimo mejorará y te sentirás más positivo. No he conocido a nadie que no se sintiera de mejor humor después de esta práctica.

Por qué el asombro hace milagros

Cuando se lleva mucho tiempo viviendo una relación, la gente tiende a centrarse en una de las dos o tres áreas de ésta que no funcionan. En psicología, hay una ley que dice: «Cuando nos concentramos en una cosa, ésta se expande». Cuanto más nos fijamos en algo que no funciona, más cosas vemos en ese sentido. De este modo, las partes de nuestra mente encargadas del juicio y la crítica (y que tan prácticas resultan a la hora de analizar oraciones, revisar obras o reparar la tostadora estropeada) también hacen su aparición allí donde no hacen ninguna falta: en nuestras relaciones íntimas, y nos convertimos en perros que intentan atrapar su propia cola. Cuanto más criticamos, más cosas para criticar vemos.

Casi siempre que expongo este punto en alguna conferencia, alguien se levanta y, con toda sinceridad, dice: «Sí, ¿pero qué pasa si estás casado con alguien que en realidad está equivocado?». El resto del público suele estallar en carcajadas, pero la pregunta apunta a un problema serio. Todos creemos que nuestro caso es especial, que somos la única persona en el universo que tiene una visión ajustada de la realidad. Dicho de otro modo, todos creemos que somos los únicos que tenemos razón. En nuestro afán por tener razón, no acertamos a ver lo obvio: que tener razón y ser felices son cosas que están en los extremos opuestos del espectro. Por lo que a mí respecta, a veces he tenido razón y a veces he sido feliz, y he llegado a la conclusión de que ser feliz es mejor. Tener razón es un sustituto muy pobre de sentir la corriente del amor en nosotros mismos y en nuestra relación con los demás. Nos mantiene en el letargo de buscar lo correcto y lo incorrecto, en vez de vivir en el asombro de ver la manera de crear vida en la corriente de la felicidad, el amor y la entrega. Afortunadamente para todos, existe un Milagro en Diez Segundos que funciona, y siempre podemos recurrir a él. No diría lo que voy a decir si no hubiera visto tantas veces que funciona. Lo sé por experiencia: un solo momento de verdadero asombro basta para salir del letargo. El asombro es tan fuerte, que sólo hace falta una pequeña dosis.

En el siguiente caso, el asombro se abrió paso en una relación que llevaba mucho tiempo muerta para los dos integrantes de la pareja.

YO: Ahora que estamos conversando, detecto mucha pereza y poca energía entre vosotros. Es como si hubierais estado en letargo durante mucho tiempo. ¿Os suena esto que os digo?

THOMAS: (Asintió con la cabeza).

DORIE: Aha.

(Había tan poca energía entre ellos que hasta costaba arrancarles alguna palabra.)

YO: Bien, ¿hubo algún momento en vuestra relación en la que os sintierais vitales y apasionados?

DORIE: Oh, sí. Cuando nos conocimos, siempre salíamos.

YO: ¿Y qué pasó?

THOMAS: ¿Qué quieres? ¿Mi versión o la suya?

YO: Tal vez tú puedas contarme la tuya.

THOMAS: Yo creo que fue cuando compramos la casa, hace cuatro años. Creo que entramos tanto en la rutina que perdimos la chispa.

DORIE: No sé, no digo que no. En mi caso, sencillamente me cansé de ser siempre yo la que tuviera que ocuparse de todo... mientras que tú eras el que hacía todas las cosas divertidas.

(En opinión de la mujer, la profesión de su marido –piloto– era apasionante y divertida. En opinión del marido, ser piloto no era nada divertido y sí muy estresante.)

YO: De acuerdo. Permitidme que os haga una pregunta directa. ¿Estáis dispuestos a hacer lo que haga falta para reorientar vuestra relación, para que en ella haya más animación y más energía?

Se quedaron callados, parpadearon, se detuvieron a pensarlo. Y al final, dijeron que sí.

YO: Quiero que os preguntéis en voz alta, con asombro, cómo se podría conseguir.

THOMAS: ¿Y eso cómo se hace?

YO: Ahora os lo enseño. Decid en voz alta: «Me pregunto cómo podría conseguir que la pasión volviera a brotar». Decidlo varias veces en voz alta, por turnos.

DORIE: *Me pregunto cómo podría conseguir que la pasión volviera a brotar.*

THOMAS: *Me pregunto cómo podría conseguir que la pasión volviera a brotar.*

Repitieron la frase varias veces.

YO: ¿Os dais cuenta de la sensación que esa interrogación os produce en el cuerpo y en la mente? ¿Notáis que ese asombro es distinto de la preocupación y de la desesperanza?

THOMAS: Sí, *es más ligero.*

DORIE: *Es como abrir la puerta sin saber quién está detrás.*

YO: Muy bien. Eso es precisamente lo que quiero que hagáis hasta la siguiente sesión. Preguntaos con asombro de vez en cuando. No hace falta que lo hagáis todo el rato.

El día que los volví a ver, el milagro ya era obvio. Su aspecto cuando entraron era el de dos personas que hubieran sido sometidas a una ligera descarga eléctrica. Parecían tener diez años menos. Resultó que se habían quedado despiertos hasta las tres de la mañana, después de la primera sesión, hablando de los momentos buenos y malos de su relación en los años anteriores. Aquella semana, renovaron su compromiso con la pasión y la energía vital que había fluido anteriormente en su relación.

Si somos capaces de darnos cuenta de cuándo estamos intentando demostrar que tenemos razón y de que el otro está equivocado, y podemos detenernos en ese mismo instante y abrirnos al asombro, los milagros se producirán ante nuestros propios ojos.

El asombro, la capacidad de sorpresa, funciona especialmente bien cuando se trata de revitalizar la pasión. En este sentido, veamos algo más concreto. Quiero mostrarte cómo se puede usar el asombro para mantener el flujo de interés y de pasión en las relaciones que duran muchos años.

Abrirse al asombro

En este mismo instante, piensa en algo que te preocupe en referencia a una relación importante. Dedícate unos segundos a pensar y nómbralo.

El nombre puede ser algo así como «preocupación por el dinero», o «problema de compromiso con mi amante». Sea lo que sea, limítate a darle un nombre, para saber qué es.

A continuación, cambia totalmente de rumbo: pasa de la preocupación al asombro. De la manera que puedas, abandona la preocupación y limítate a preguntarte con sorpresa durante diez segundos.

Nota la diferencia entre sentir preocupación y sentir asombro.

El asombro es mejor que la preocupación

Aquí tienes un par de sugerencias concretas extraídas a partir de ejemplos generados por mis pacientes:

- En vez de pensar con preocupación «¿llegaremos a fin de mes?», podemos replantear la pregunta para que su formulación sea de asombro: *«Me pregunto cómo podríamos tener mucho dinero para hacer lo que quisiéramos»*.

- Cambiar un pensamiento basado en la preocupación, del tipo: «Me preocupa mi amante», por otro del tipo *«me pregunto cómo podríamos hacer, mi amante y yo, que nuestra relación fuera genial»*.

Tal vez te pueda parecer que lo único que hacemos es cambiar las palabras para referirnos a lo mismo, pero si te fijas en las sensaciones corporales, notarás la diferencia. Cuando estamos preocupados, sentimos miedo en el cuerpo. Cuando nos preguntamos con asombro, lo que sentimos es... ¡asombro! ¿Y qué es mejor? ¿Pasarse los días asustados o asombrados?

Y hay una razón aún más importante para pasarse a la actitud de asombro, una razón de implicaciones cósmicas. Cuando nos preocupamos, operamos desde la zona de lo conocido. Nadie ha conseguido la felicidad, la prosperidad ni la salud a través de la preocupación, pues ésta no tiene cabida entre esos conceptos. Pero cuando accedemos a la capacidad de asombro, se abre ante nosotros el campo de la posibilidad, y dejamos atrás el mundo de las limitaciones.

Hagamos un hueco en nuestra vida para la capacidad de asombro. Dejemos a un lado la preocupación, olvidémonos de ella durante un rato. Abrámonos a la sorpresa... nos sorprenderemos con los resultados. La capacidad de asombro obra milagros con respecto a uno de los mayores problemas de las relaciones de larga duración, que es...

Cuando sólo uno de los dos miembros de la pareja desea cambiar y desarrollarse

Casi nunca me encuentro con parejas en las que los dos miembros se desarrollen al mismo ritmo. No suele funcionar así, y no hay por qué pensar que es así como debería ser. Hay que aceptar que cada persona tiene su propio estilo y su ritmo de aprendizaje. Por lo tanto, no es fácil y menos aún frecuente, que se unan dos personas con el mismo ritmo de desarrollo.

Ahora bien, las cosas se complican cuando uno de los dos miembros de la pareja decide resistirse al desarrollo, o cuando, consciente o inconscientemente, se dedica a sabotear el crecimiento de su pareja. Esto lo he vivido yo, así que sé muy bien por propia experiencia, los problemas que esta situación puede causar. Kathlyn y yo hemos crecido y vivido intensamente durante casi veinte años, pero ha habido momentos en los que uno ha acelerado más y el otro ha pisado el freno. Ni las relaciones más saludables se libran por completo de este problema, pero lo importante es aprender a asumir estas situaciones como ocasiones de desarrollo para la pareja.

Cuando nos involucramos en una relación en la que existe un gran abismo entre los respectivos niveles de desarrollo, se tiene la tendencia de apuntar con el dedo acusador al que va más despacio. No obstante, esta acusación no hace más que ralentizar aún más el proceso, ya que la energía necesaria para el desarrollo se consume en la lucha para determinar quién tiene razón. Por lo tanto, en una situación como ésta, lo mejor es formularse cuanto antes dos preguntas en las que no existe la noción de culpa:

1. ¿Qué puedo aprender de esta situación?

2. ¿Hasta qué punto el planteamiento de mi pareja ante el hecho de desarrollarse tiene algo que ver con algún aspecto oculto de mí que debería revisar?

Veamos ahora un ejemplo típico del tipo de soluciones que se consiguen con estas dos preguntas:

YO: Joyce, has estado diciendo que crees que Roger te limita.

JOYCE: ¡Es que lo único que quiere es sentarse en el sofá y ver el fútbol! Lo siento, pero estoy en un momento de mi vida, ahora que los niños han empezado a ir a la universidad, en el que siento que debo ocuparme de mí misma. Sólo me faltaba un curso para licenciarme cuando nació Jamie, y de eso ya hace dieciséis años.

ROGER: Yo trabajo mucho, y me gusta descansar viendo el fútbol. Es el equivalente a lo que para otros supone leer.

YO: Intentemos no buscar culpables durante un momento. ¿Estáis dispuestos a hacerlo?

Se miraron el uno al otro, luego me miraron a mí y asientieron con la cabeza.

YO: De acuerdo. Joyce, quiero que hagas algo para lo que hace falta valentía. Vamos a suponer que los dos estáis bien; ni con razón, ni sin ella, ni buenos ni malos. En vez de echarle la culpa a Roger, pregúntate a ti misma: ¿en qué sentido soy igual que él? ¿En qué sentido él es un reflejo de una parte de mí que debo reivindicar?

JOYCE: Creo que entiendo lo que quieres decir, pero...

ROGER: Sí, creo que lo entiendo. Que yo soy parte de ella y ella es parte de mí.

JOYCE: Bien, supongo que Roger es la parte de mí que no está segura de poder hacer lo que quiero hacer.

En la sala se produjo un cambio de energía. La respiración de Roger se hizo más profunda. Las facciones del rostro de Joyce se suavizaron.

YO: Explícanos algo más sobre este punto.

JOYCE: Roger es la parte de mí a la que le encantaría tomarse tiempo libre y retirarse a una caverna durante una temporada.

Los dos se echaron a reír.

ROGER: Y ella es la parte de mí que siente que se morirá a menos que cambie de vida.

Se miraron mutuamente con sorpresa.

YO: Así que resulta que os quejáis de cosas del otro que en realidad pertenecen a lo más profundo de vuestro ser. Veamos qué se puede extraer de este descubrimiento.

Un punto básico que hay que tener en cuenta: cuando la gente se desarrolla a ritmos diferentes (o parece que no se desarrolla en absoluto), siempre hay una explicación. Las cosas no se erosionan así como así; se llega a un punto en que los caminos se separan. Una ventana de la oportunidad se abrió en cierto momento, y la situación no se afrontó, hubo un instante en el que se tomó una decisión, inconscientemente. Cuando dos personas son capaces de dejar, aunque sólo sea por poco tiempo, de demostrar que tienen razón, pueden cambiar de rumbo y empezar a formularse preguntas como éstas:

- ¿Por qué aparece precisamente ahora este cambio de ritmo?

- ¿Qué intenta decirnos esta diferencia en el nivel de desarrollo?

- Si admitiéramos que ninguno de los dos tiene la culpa, ¿qué podríamos aprender de esta situación tal como es?

Cuando la gente se plantea estas preguntas, pueden hacerse progresos muy rápidamente, aunque lleven mucho tiempo perturbándonos. Por ejemplo, una pelea por la pasta de dientes puede enmascarar en realidad un problema más profundo. Quizá se trate de una deficiencia en la relación, que debe ser abordada. Nuestro inconsciente crea la discusión por la pasta de dientes para que nos concentremos en detalles sin importancia, porque, de hecho, tenemos miedo de abordar los asuntos importantes. Veamos dos ejemplos de este tipo de situaciones:

- Para una pareja, amueblar su casa se convirtió en una pesadilla, porque discutían hasta por las decisiones más mínimas. Cuando todavía les quedaba media casa por decorar, vinieron a verme a mi consulta. No tardaron en descubrir que aquellas peleas «decorativas» enmascaraban en realidad otra decisión mucho más importante: la de tener otro hijo. Así pues, mientras discutían sobre cortinas y tiradores de puertas, lo que hacían era evitar una cuestión mucho más relevante.

- En una ocasión recibí en mi consulta a dos hombres de unos veinticinco años que llevaban seis meses viviendo juntos. Era la primera relación estable para los dos, y aun así se pasaban el día peleándose por cualquier cosa, desde la pasta de dientes a los toalleros. Cuando finalmente abordaron el asunto por el que realmente se peleaban, resultó que ninguno de los dos se había mostrado completamente abierto con su familia acerca de su orientación sexual. A medida que su relación se hizo más estable, la falta de comunicación con sus respectivas familias se hacía cada vez más patente. Como era de esperar, cuando se enfrentaron a la situación y empezaron a intentar resolverla, las discusiones triviales cesaron.

Desarrollarse a diferentes ritmos

Por mi consulta han pasado más de mil parejas para las que la diferencia en su ritmo de desarrollo personal era un problema. En algunos casos (alrededor del 10 por ciento), uno de los dos miembros de la pareja se dedicaba a boicotear descaradamente el proceso de desarrollo del otro. Un ejemplo de ello es el de un esposo que se sintió tan amenazado por el hecho de que su mujer quisiera volver a estudiar en la universidad, que se lastimó la espalda para que ella tuviera que renunciar a sus estudios y cuidarle. Sin embargo, una vez que se enfrentaron al tema, él mejoró en menos de veinticuatro horas, hasta tal punto que pudo volver a trabajar. Pero estos casos son poco frecuentes, ya que la mayoría de las personas con las que trabajo no presentan una reticencia tan descarada ante el proceso de desarrollo personal de su pareja. Simplemente, tienen miedo.

El miedo es el factor principal a la hora de diferir en los ritmos de desarrollo. Mucha gente, cuando inicia una relación estable, parte de una premisa inconsciente: «Si tú no cambias de manera sustancial, yo tampoco». Si esta especie de contrato tácito se mantiene en vigor, las parejas caen en el letargo, se hunden en la rutina. Pero si lo rompe una de las dos partes, por haber despertado a alguna nueva potencialidad o deseo, entonces el miedo asciende a la superficie. Y, cuando estamos asustados, solemos dar cuatro pasos, totalmente predecibles.

Los cuatro Pasos del Miedo

Cuando estamos asustados, discutimos, huimos, nos bloqueamos o nos desvanecemos. Venimos así «de fábrica», y seguramente las futuras generaciones también llevarán estos componentes. Este es el cuerpo que hemos heredado. Por lo tanto, ¿qué podemos hacer con él?

En primer lugar, detectar cuál de los cuatro pasos es tu patrón de actuación. Cuando estás asustado...

¿Eres hostil?
Muchas personas tienen ataques de ira cuando en realidad lo único que les sucede es que están asustadas.

¿Te escapas?
Hay personas que, cuando las cosas se les ponen difíciles, se baten en retirada y huyen.

¿Te bloqueas?
También están los que no consiguen pensar con claridad y se quedan bloqueados cuando están asustados. He visto a personas muy inteligentes y de gran coherencia quedarse completamente atontadas cuando, por ejemplo, han sentido miedo a que las abandonen.

¿Te vuelves invisible?
Hay gente que, cuando tiene miedo, se difumina y «desvanece». Casi todos tenemos algo de estos patrones de actuación, aunque en una situación de estrés siempre predomine uno. Es bueno saberlo. En mi caso, como sé que me vuelvo hostil cuando tengo miedo, lo mejor que puedo hacer es tomarme mis enfados menos en serio. Ahora bien, a mi esposa saberlo le ha servido de mucho, ya que siempre que me pongo susceptible y empiezo a criticarlo todo, ella se da cuenta de que estoy asustado por algo, y eso es mucho mejor que lo que sucedía al principio de nuestra relación. Por aquel entonces, cuando me enfadaba, ella siempre acababa creyendo que había hecho algo mal. Hoy, para mi alivio, casi nunca lo piensa.

En segundo lugar, en vez de representar nuestro papel según el patrón preestablecido, lo que hay que aprender es a hablar directamente del miedo. Cuando me doy cuenta de que me estoy enfadando, lo que hago es respirar hondo y comunicar lo que me asusta. En la actualidad me sale mucho mejor que hace diez años. Evidentemente, aunque se trata de un proyecto de por vida, cuyo entrenamiento siempre se puede perfeccionar, algún día deberás empezar a llevarlo a la práctica. Por lo tanto, la próxima vez que te enfades, te desvanezcas o sientas deseos de huir, abre la boca y pronuncia la frase que empieza por... «tengo miedo de que...». Serás el primer sorprendido al ver qué pasa con tu ira o tus ganas de evadirte. A mí muchas veces el enfado me desaparece al instante del cuerpo cuando comunico la verdad de mi miedo.

Hay otra Regla Clave que me gustaría considerar un instante: *La mejor manera de inspirar un desarrollo mutuo en las relaciones de intimidad consiste en enseñar con el ejemplo (en lugar de predicar sólo de palabra) las dimensiones del desarrollo más sagradas.* Dicho de otro modo, si leer libros sobre espiritualidad supone una dimensión de desarrollo para alguien, lo que esta persona debe hacer es comunicar su pasión por ellos *practicando* los principios que se formulan en ellos, y no intentando que el otro los lea. Si persigues a tu pareja por toda la casa recomendándole que lo haga, es posible que acabe tirándotelos a la cabeza. Pero si vas, con paciencia, entrando en contacto con tus sensaciones básicas, diciendo la verdad sin echarle la culpa a nadie, y asumiendo la plena responsabilidad de ti mismo, es posible que esta enseñanza a través del ejemplo acabe teniendo dos efectos.

Como mínimo, serviría para saber si estamos realmente interesados en desarrollarnos personalmente o si lo que nos interesa es sólo emplear las técnicas para distanciarnos y demostrar que nuestra pareja está equivocada. Hay personas que emplean su propio desarrollo personal como arma para justificar su distanciamiento o para dar por terminada una relación. Por el tono de voz y nuestra actitud, podemos saber si estamos interesados en desarrollarnos como personas únicamente por las satisfacciones que ello nos reporta. Eso por si solo ya sería un aprendizaje valioso. El segundo efecto, sin embargo, va más allá; es mágico. Muchas veces, si practicamos el proceso de crecimiento desde una postura de total sinceridad, la otra persona empieza lentamente a interesarse, y acaba comprometida también con las nuevas ideas. He aquí un ejemplo que ilustra a la perfección lo que acabo de decir.

Una mujer «arrastró» en una ocasión a su esposo a uno de los talleres que damos en Nueva York. Los dos primeros días la actitud de aquel hombre fue crítica, hostil y nada cooperadora. Nadie intentó convencerle de que cambiara. Nos limitamos a aplicar los Milagros en Diez Segundos en él cada vez que desplegaba sus baterías defensivas. Incluso intentó que su esposa abandonara el taller, cosa que, afortunadamente, no hizo. El tercer día, pronunció un discurso cuya idea central era que los otros cincuenta participantes eran falsos, ridículos y demasiado estúpidos para ser considerados seres humanos. Aunque sus palabras fueron realmente desagradables, nadie intentó hacerle cambiar su punto de vista. Más tarde, aquel mismo día, levantó la mano y, sin que viniera a cuento, dijo: «Nunca me creo a nadie que habla de amor porque no sé qué es el amor. Siempre me meto con la gente porque el dolor que siento me saca de mis casillas». Después de hacer aquella impactante Declaración Instantánea, bajó la cabeza y se puso a llorar. Nadie intentó detenerlo.

Pocas veces he tenido la ocasión de presenciar una transformación tan notable. Al día siguiente, llegó al taller con un aspecto que le hacía parecer diez años más joven. Le habían desaparecido las arrugas de la frente, y volvía a tener color en las mejillas. El resto de la semana la pasó alternando la alegría más radiante con el llanto más sincero. Nunca había tenido una buena relación con su madre, porque había nacido en Europa durante la guerra y la familia se había visto obligada a separarse. En un momento dado, unas cuantas mujeres compasivas que participaban en el taller se levantaron y se fueron adonde estaba sentado, lo abrazaron y lo acunaron mientras lloraba.

He seguido en contacto con él a lo largo de todos estos años, y aún hoy mantiene el brillo de aquellos días. Sintió tanto aquella nueva energía, que salió de su encierro y empezó a trabajar como voluntario con niños problemáticos. Estoy muy orgulloso de él, y también de haber presenciado el instante en el que el rumbo de su vida dio aquel giro de ciento ochenta grados.

EL QUINTO MILAGRO EN ACCIÓN

Charlar con el corazón: una sesión estructurada de purificación para solucionar los problemas de relación

Si, a lo largo del tiempo, has desaprovechado las ocasiones en las que las ventanas de la oportunidad se te abrían, necesitarás una manera estructurada de ponerte al día y hacer que se renueve el aire estancado. Por mi consulta han pasado muchas personas que se han dado cuenta de repente de que tenían un montón de temas pendientes y no sabían por dónde empezar.

La Charla de Diez Minutos con el Corazón es una forma excelente de hacerlo. Se trata de una breve sesión estructurada y autoguiada que funciona muy bien *si se siguen con precisión las instrucciones*. Fíjate en la importancia que le doy al condicional, ya que, como todos sabemos, a la hora de la verdad, muchos prescinden totalmente de las instrucciones. Por eso, generalmente sólo recomiendo la Charla de Diez Minutos con el Corazón a las personas que mantienen relaciones basadas en el compromiso. Y no me refiero sólo a las de pareja, ya que me consta que también hace milagros en los negocios, la política y en muchos otros ámbitos. Lo que sí es imprescindible es que todas las partes se comprometan en la resolución del problema en cuestión.

Más o menos la mitad de mis pacientes han sido lo bastante disciplinados como para usar la Charla de Diez Minutos con el Corazón sin necesitar la presencia de un supervisor. Normalmente, lo que hago es pedirles que lo intenten dos o tres veces por su cuenta, y si no lo consiguen, les recomiendo que busquen a una tercera persona de confianza para que les dé las indicaciones y las oriente.

Las instrucciones en sí mismas son muy sencillas, aunque gran parte del éxito depende de la disposición de los participantes a acatar las reglas. Se empieza por adoptar el compromiso de resolver el asunto, y una vez que los dos se han comprometido, se turnan para hablar ininterrumpidamente, mientras el interlocutor se limita a escuchar y respirar lenta y profundamente. Después de completar dos rondas, se pasa a centrar la atención en sensaciones y sentimientos más concretos. A continuación, se da el paso que consiste en asumir la plena responsabilidad del problema y de su resolución. Y por último, se le da las gracias al interlocutor.

La Charla de Corazón es un inicio estructurado de lo que debería ser una conversación más extensa sobre el asunto. Su valor radica en que la conversación se inicia con los pasos comunicativos que la mayoría de la gente no da y que sirven para desencallar las situaciones.

Se necesita un cronómetro o un reloj en el que el segundero se vea con claridad.

Instrucciones

1. En una hoja de papel en blanco, escribir una palabra o una expresión que describa el asunto que se desea resolver. Puede ser algo tan simple como «presupuesto», «la aventura», «fregar los platos», mientras los dos sepan de qué se está hablando. Una vez anotado el asunto, cada uno de los dos participantes escribirá la siguiente frase y la firmará.

Me comprometo a resolver el asunto de...

(firma)

Darse las manos, dejar a un lado el papel y poner en marcha el cronómetro.

2. Echar a cara o cruz quién va a ser el primero en hablar. El que escucha debe llevar el control del tiempo.

Minuto 1

El que habla

Durante un minuto exacto, debe decir cualquier cosa relacionada con el tema. Tiene que ir al grano, y pronunciar sólo las palabras necesarias. Es mejor mirarse a los ojos. Si la persona se queda bloqueada y no sabe qué decir, debe respirar hondo y seguir pensando en algo. No hay que procesar la información, sino simplemente hablar espontáneamente, sacar lo que está en la mente y en el corazón.

El que escucha

Escuchar, respirar lenta y profundamente y llevar el control del tiempo.

Minuto 2

Cambiar los papeles. El que hablaba en el minuto 1 pasa a ser el que escucha y lleva el control del tiempo.

Minutos 3 y 4

Repetir exactamente los pasos de los minutos 1 y 2. Decir más cosas sobre el tema; lo que surja.

Minutos 5 y 6

Ahora, un minuto cada uno, hablar desde las tres zonas básicas de la sensación. Decir en voz alta las frases siguientes, rellenando el espacio en blanco con lo que se les ocurra. Lo ideal es que lo que se diga le sorprenda a quien pronuncie esas palabras. Si, después de diez segundos, no se le ocurre nada, que vuelva a repetir la frase. Es fundamental decirla en voz alta, como también lo es no intentar explicar ni justificar lo que se siente, sea lo que sea. Hay que comunicar la sensación o el sentimiento y pasar al siguiente sin justificarlo ni dar más explicaciones.

Estoy enfadado por ...
Estoy enfadado por ...
Estoy enfadado por ...

Estoy triste por ...
Estoy triste por ...
Estoy triste por ...

Siento el anhelo de ...
Siento el anhelo de ...
Siento el anhelo de ...

Estoy asustado por ...
Estoy asustado por ...
Estoy asustado por ...

Minutos 7 y 8

Ahora hay que asumir, por turno, la plena responsabilidad del tema y de los sentimientos que despierta. Es un paso importantísimo, porque nada se resolverá hasta que los dos asuman su plena responsabilidad.

La manera técnica que dar este paso es proclamar la causa de los sentimientos y del tema en sí misma. Al igual que en los minutos 5 y 6, se emplean unas frases prefijadas para catalizar la exploración.

Yo he creado este problema en mi vida porque ...
Yo he creado este problema en mi vida porque ...

Necesitaba este problema en mi vida para poder ...

Necesitaba este problema en mi vida para poder ...

Yo soy el causante de la ira que siento.

Yo soy el causante de la tristeza que siento.

Yo soy el causante del anhelo que siento.

Yo soy el causante del miedo que siento.

Yo he dado todos estos pasos para aprender que ...

Minutos 9 y 10

La Charla de Corazón se finaliza con una ronda de agradecimiento en la que se reconoce al otro el valor de una serie de cosas relacionadas con el tema.

Te agradezco que ...

Te agradezco que ...

Te agradezco que ...

Te agradezco que ...

Te agradezco que ...

Hay que agradecer un mínimo de cinco cosas, y si una vez hecho esto el minuto aún no ha concluido, se debe seguir dando las gracias.

Un ejemplo de Charla de Corazón

Dan y Perri me permitieron ver un vídeo doméstico en el que habían grabado una Charla de Corazón. A modo de compromiso y como algo innovador en su matrimonio, se fijaron la obligación de grabar una Charla cada jueves a las ocho de la tarde. Acordaron que lo harían y que luego la verían juntos, cogidos de la mano. Pues bien, desde que me comunicaron esta manera de hacerlo, no he dejado de recomendársela a muchas parejas.

Levantan un papel en dirección a la cámara en el que aparece escrita la palabra «control». A continuación, cada uno enseña una hoja en la que se lee: «Me comprometo a resolver el tema del control». Se dan la mano y ponen en marcha un cronómetro digital. Lanzan una moneda al aire para ver quién empieza a hablar. Le toca a Dan.

Minutos 1 y 2

Mientras Perri controla el tiempo, Dan dice:

«Creo que es más un problema tuyo que mío, pero de alguna manera también me siento identificado. Quiero decir que tú dices que yo te controlo, pero creo que tú haces lo mismo, aunque de otra manera. Me criticas porque gasto mucho dinero en el club de salud, en el golf, y en todo lo demás, y esa es una manera de controlarme. A tus padres más o menos les pasa lo mismo, siempre se están echando en cara lo mucho que gastan... ya sabes, tu madre tiene que apuntar todo lo que se gasta en el supermercado... Mi problema es que nunca sé qué es lo que te va a molestar al día siguiente. Si siempre te preocuparas por las mismas cosas, de una manera sistemática, al menos podría hacer algo para saber cómo actuar. Supongo que hablas de algo concreto, pero no sé de qué...».

¡Tiempo!
Dan toma el cronómetro y cede la palabra a Perri. Ella dice:

«Pues te voy a decir cuál es el problema exactamente, en concreto. El miércoles de la semana pasada salí a cenar después del trabajo, con Donna, Marty y Paul. Fue una cosa espontánea, lo reconozco, no lo habíamos planeado, pero pienso que puedo hacer este tipo de cosas de vez en cuando, ya que desde que nació Erin, tengo la sensación de que mi vida no me pertenece, así que me encantó que me invitaran a cenar con ellos. Fue como en los viejos tiempos, cuando salíamos a celebrarlo después de un buen día de trabajo. Creo que me invitaron para hacerme sentir bien, pensando que no aceptaría. Después, mientras cenábamos, cuando me llamaste tres veces al móvil para preguntarme dónde estaban las cosas, tuve la sensación de que querías apropiarte de todo mi tiempo. La cosa acabó convirtiéndose en una broma. Ellos me decían: ¿cuánto va a tardar Dan en volver a llamar? Me hubiera gustado poder dedicar ese tiempo a estar con mis amigos, y no a darme cuenta de que eras incapaz de encontrar el pijama de la niña».

¡Tiempo!

Minutos 3 y 4

Respiran hondo varias veces y vuelven a cambiarse los papeles. Dan vuelve a tomar la palabra:

«De acuerdo, cuando me detengo a sentir todo esto, tengo la sensación de que realmente estás dolida por haberme entrometido. En aquel momento pensé que tenía una buena razón para llamarte por teléfono, pero creo que te entiendo. Así que pensaré un poco más en este tema. Mientras tanto, de todas formas, creo que eres demasiado susceptible en todas estas cosas. Si intento explicarte algo, lo que sea, tú reaccionas como si te estuviera criticando con dureza. Aunque lo cierto es que casi la mitad de las veces no se trata de nada importante, lo único que quiero es comunicarte las cosas que me preocupan. Por ejemplo, el otro día, en que llegaba tarde a la reunión del comité y te pedí que me ayudaras a recoger mis cosas, reaccionaste como si te hubiera molestado. Yo sólo te estaba pidiendo que me ayudaras un poco, no pretendía en absoluto arrancarte de tus actividades toda la tarde. Y en esa ocasión en que a Erin empezaron a dolerle los oídos, y yo sugerí que a lo mejor era porque la habías sacado a la calle sin gorro, explotaste como si aquello fuera el fin del mundo».

¡Tiempo!

Perri toma la palabra:

«Es que no soporto que me salgas con esas cosas. Yo intento solucionar una cosa concreta, y entonces apareces tú con una lista kilométrica. No es justo. Se supone que estamos hablando del tema del control. Y ahí es donde quiero centrarme (hace una pausa y respira hondo varias veces). De acuerdo. Lo que quiero es que ahora mismo mires en tu interior y veas que tú también eres muy susceptible a veces; yo también lo haré. También quiero dejar de controlar y organizar mi tiempo. Quiero tener un poco de tiempo libre para dedicarlo a mí misma; no mucho, diez minutos, o media hora, en la que ni tú ni Erin me interrumpáis. Estoy pensando en comprarme uno de esos aparatos que imitan el sonido de las olas del mar, para ponerlo en el dormitorio y desconectar de vez en cuando. Y quiero que en esos momentos tú te encargues de Erin. Que puedas jugar con ella un rato sin que me necesites para nada. Tengo la sensación de que si puedo disponer de un poco de tiempo libre, no iré todo el día tan acelerada.

¡Tiempo!

Minutos 5 y 6

Habla Dan:

Estoy enfadado porque se me echa la culpa de todo.
Estoy enfadado porque yo tampoco tengo tiempo para mí.
Estoy enfadado porque la casa ha dejado de estar ordenada.
Estoy triste porque ya no estamos tan unidos como antes.
Anhelo poder caminar contigo por la playa.
Tengo miedo de que sigamos peleándonos.
Tengo miedo de que nos discutamos por Erin y que ella lo note.

¡Tiempo!
Habla Perri:

Estoy enfadada por no poder tener una vida propia.
Estoy enfadada por no tener tiempo para sentarme a leer un libro.
Estoy enfadada por tener que acostarme a las nueve para poder despertarme a las cinco y estar con Erin.
Estoy triste por no tener el tiempo suficiente para jugar con ella.
Estoy triste porque ya no vamos los fines de semana a la casa de campo.
Anhelo una vida más sencilla.
Anhelo tener la casa acabada por fin.
Me asusta que no nos podamos poner de acuerdo para tener otro hijo.

Tengo miedo de que tú trabajes cada día más y nosotras nos quedemos cada vez más relegadas.
Tengo miedo de no volver a sentir la unión que teníamos antes.

¡Tiempo!
Hacen una pausa y respiran hondo durante unos quince segundos.

Minutos 7 y 8

Habla Dan:

Yo he creado este problema porque (piensa unos diez segundos)... así es como vivían mi madre y mi padre. Es el estilo de los Miller.
Yo he creado este problema porque... no era consciente de lo difícil que es mantener una familia.
Necesitaba este problema en mi vida para poder... echarte a ti la culpa y no tener que ser yo el responsable.
Necesitaba este problema en mi vida para poder... justificar que no quiero tener otro hijo.
Soy el causante de la ira que me produce todo esto.
Soy el causante de la tristeza que me produce todo esto.
Soy el causante del anhelo que siento por todo esto.
Soy el causante del miedo que siento por todo esto.
He dado todos estos pasos para poder aprender... a tener paciencia.

¡Tiempo!
Habla Perri:

Yo he creado este problema porque... siempre estoy agotada.
Necesitaba este problema en mi vida para poder... echarte la culpa a ti.
Necesitaba este problema en mi vida para poder... averiguar si me quieres de verdad.
Necesitaba este problema en mi vida para poder... ¡Uau! justificar la idea de dejar de trabajar.

(Este comentario le sorprende tanto, que Perri hace una pausa de unos diez segundos. Dan asiente con la cabeza, como diciendo: «creo que tienes razón».)

¡Tiempo!

Minutos 9 y 10

Habla Dan:

Te agradezco que trabajes tanto.
Te agradezco que te ocupes de mí como lo haces.
Te agradezco que soportes mis costumbres (le gusta fumarse un puro de vez en cuando).
Te agradezco que ganes 40.000 dólares al año.
Te agradezco que seas tan amable con mi padre.
Te agradezco que quisieras casarte conmigo.

¡Tiempo!
Habla Perri:

Te agradezco que trabajes tanto.
Te agradezco que hayas querido que viviéramos en el campo.
Te agradezco que al menos consideres la posibilidad de tener otro hijo.
Te agradezco que te mantengas en buena forma.
Te agradezco que cocines los fines de semana.
Te agradezco que te levantes por la noche para atender a Erin cuando se despierta.

¡Tiempo!

Después de todo esto hablé con Dan y Perri para conocer sus impresiones sobre esa Charla de Corazón, comparadas con las otras que habían hecho. Me dijeron que era un ejemplo bastante representativo, aunque el momento de sorpresa de Perri al descubrir que deseaba dejar de trabajar la convertía en algo un poco especial. Ellos mismos se dieron una puntuación de 8 sobre 10, aunque en mi opinión merecerían la máxima puntuación por haber llegado al compromiso de dedicarse a su relación de manera sistemática.

Epílogo

La ventana final

Cada momento de nuestra vida es un espacio abierto en el que crecemos en el amor o nos empequeñecemos en el temor. Todos y cada uno de los instantes son ventanas finales a través de las cuales recibimos al mundo, y podemos hacerlo con un corazón expandido o con un nudo en el estómago. Saber esta verdad tan simple nos permite contar con un instrumento práctico de un valor incalculable.

Tomemos por ejemplo la ira. Cuando estamos enfadados, tenemos que escoger. Podemos arredrarnos ante ella, temerosos, o saludarla con el corazón abierto. La experiencia me ha demostrado que los que van derramando su ira por el mundo en el fondo lo único que les pasa es que tienen miedo, y el miedo los empequeñece. Tienen tanto miedo de la ira que quieren sacársela del cuerpo cuanto antes, con lo que muchas veces la arrojan sobre los demás. La paradoja cruel, tanto para ellos como para los demás, es que acaban enfadados de manera permanente.

La alternativa milagrosa es: hacerle un poco de sitio a la ira para que pueda respirar. Rodearla de amor. Decir la verdad sobre ella. Verla incluso como algo sagrado. Si somos capaces de hacer algo así con una cosa tan desagradable como la ira, aún más fácil nos resultará enfrentarse a momentos menos duros de la vida. Así que a practicar con las cosas difíciles: la ira, los deseos sexuales que nos abordan en los momentos menos oportunos, nuestras dudas nocturnas sobre la mortalidad. Lo paradójico y estimulante a un tiempo es que cuando nos enfrentamos a las cosas difíciles y les hacemos un hueco en nuestra vida, conseguimos liberarnos de ellas. Cuando las amamos tal como son, las vemos cambiar ante nuestros propios ojos.

En nuestro viejo estado de conciencia, creíamos con temor que era justo lo contrario: que si las aceptábamos, nos quedaríamos atrapados en ellas para siempre. Ahora ya sabemos que las cosas son totalmente distintas. Conocemos las reglas y los pasos que hay que dar para hacer milagros.

No obstante, quiero que los revisemos una vez más, para verlos todos juntos.

El primer milagro

Cuando prestamos atención, sin juzgarlo, a cualquier sentimiento o sensación corporal durante diez segundos, experimentamos un cambio positivo. Si nos concentramos en la tensión que nos agarrota los hombros, por ejemplo, notaremos que se deshace en un flujo que se convierte en espacio abierto.

El segundo milagro

Si decimos verdades fundamentales sobre las cosas reales, veremos que se producen cambios milagrosos en nuestras relaciones. Dichas verdades pueden referirse a hechos (tengo otro amante) o a sentimientos (tengo miedo de que ya no me quieras). Lo único que hace falta es que la información que se transmite sea irrebatible, fácil de entender y que se exprese sin culpar a nadie. Si, además, se trata de un descubrimiento para el propio emisor, el cambio aún se producirá más rápidamente.

El tercer milagro

Cuando asumimos la plena responsabilidad de cualquier aspecto de nuestra vida y dejamos que los demás asuman la suya, se producen cambios milagrosos. Tiene que tratarse de pura responsabilidad, no de culpa ni de carga, y se debe asumir libremente (no porque nos sintamos obligados). El compromiso es una forma de responsabilidad, así que se le puede aplicar la misma regla. Cuando al final nos comprometemos con algo, sobre todo si habíamos estado evitándolo, vemos que, en menos de diez segundos, la calidad de nuestra relación mejora notablemente.

El cuarto milagro

Cuando aceptamos alguna cosa de nosotros mismos o de los demás que anteriormente habíamos negado, en nuestra vida tienen lugar cambios milagrosos. Al asumir los hechos del pasado y los sentimientos que éstos provocaron en nosotros, el pasado deja de producirnos dolor físico. El cambio es aún más rápido si empezamos a amar las cosas de nosotros o de los demás que anteriormente habíamos odiado. El primer paso consiste en amarnos a nosotros mismos por haberlas odiado.

El quinto milagro

Cuando nos sorprendemos de verdad ante las cosas que nos preocupan, se producen cambios milagrosos en nuestra vida. No es posible preocuparse e indagar a la vez: el reino de los problemas y el de la sorpresa no son compatibles. Como decía Einstein, «un problema no se resuelve en el mismo estado de conciencia en que fue creado». La sorpresa, la curiosidad verdadera, es el pasaporte que nos saca del reino de los problemas. Para que se produzca el milagro sólo hacen falta diez segundos.

En conclusión

No tengo palabras para expresar el agradecimiento que siento por haber descubierto lo que en este libro he querido compartir con vosotros. En él están los conceptos y las prácticas que me han enseñado todo lo que más valoro en esta vida. Sin ellos, no estaría aquí. Por ellos, he descubierto el milagro de mi propia meta en la vida. Expresar cuál es mi finalidad me ha aportado prosperidad, amor y bienestar. Pero el milagro verdadero, para mí, es que estas ideas me han dado el privilegio de acompañar a miles de personas en su proceso de cambio vital hasta convertirse en obras de arte que se mueven y respiran en el teatro viviente de la existencia real. Por eso afirmo que siempre estaré en deuda con la vida.

Con esta idea en mente, os agradezco a todos vosotros, mis lectores, vuestro compromiso de crear un mundo en el que las relaciones sean mejores. Os agradezco que tengais la valentía de exploraros, cuestionaros e inventaros a vosotros mismos cada día. Os agradezco que hayáis llegado conmigo hasta aquí, y os deseo lo mejor en vuestra senda milagrosa.

**Últimos títulos publicados
por Ediciones Urano**

Nos queremos mucho, pero...

Consejos sencillos para revitalizar las relaciones de pareja

Al empezar una vida en común todos lo hacemos con amor y tenemos grandes esperanzas acerca de cómo va a ser nuestra relación. Pero a veces, con el transcurrir del tiempo, nos desilusionamos: de nuestra pareja, del matrimonio, incluso de la vida.

Sin embargo, toda esa negatividad puede eliminarse. Y en muchas relaciones de pareja en las que aparentemente ya no queda nada pueden renacer el amor y el respeto mutuo. Este libro ofrece unos consejos sencillos, pero fundamentales, para recuperar el apoyo emocional y las ganas de hacer cosas en común que una pareja tiene al inicio de su relación, y que pocas saben mantener a lo largo de los altibajos de la vida.

Del amor al compromiso

Para alcanzar una relación de pareja estable

Los autores de este libro se han especializado en las relaciones de pareja y conocen muy bien los problemas que con frecuencia dificultan la convivencia. Una relación de pareja trae consigo muchos cambios, y en algunas personas los cambios generan tanta ansiedad que huyen del compromiso que implica una vida en común.

Este libro te ayudará a superar tus miedos, a olvidar los fantasmas del pasado, a abrirte emocionalmente, a comprender que tus propias necesidades afectivas tienen tanta importancia como las de tu pareja. Todo esto te permitirá iniciar el camino hacia una relación estable y duradera.

Cuerpo de mujer, sabiduría de mujer

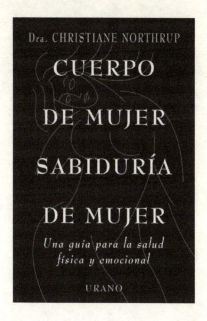

Una guía para la salud física y emocional

Sin salud emocional, no hay salud física. Bajo estas premisas, la doctora Northrup nos habla en esta guía de la anatomía femenina y de las funciones naturales del cuerpo; de los problemas de salud más comunes, de cómo prevenirlos y de cómo sanar y mantenerse sana; de los criterios a tener en cuenta para elegir el tratamiento adecuado: desde la cirugía a la acupuntura.

Christiane Northrup aporta una visión revolucionaria de la salud como un todo del que no se pueden separar los sentimientos, las convicciones íntimas y las relaciones humanas. Esta es una obra de referencia indispensable para todas las mujeres dispuestas a hacerse cargo de su propio bienestar.